教育，让自己长出力量

王木春 著

大夏书系 — 教育新思考

华东师范大学出版社
·上海·

图书在版编目（CIP）数据

教育，让自己长出力量 / 王木春著.
— 上海：华东师范大学出版社，2023
ISBN 978-7-5760-4293-1

I.①教… II.①王… III.①中小学—师资培养—研究
IV.① G635.12

中国国家版本馆 CIP 数据核字（2023）第 210116 号

大夏书系 | 教育新思考

教育，让自己长出力量

著　　者	王木春
策划编辑	朱永通
责任编辑	万丽丽
责任校对	杨　坤
封面设计	奇文云海·设计顾问
出版发行	华东师范大学出版社
社　　址	上海市中山北路 3663 号　邮编 200062
网　　址	www.ecnupress.com.cn
电　　话	021-60821666　行政传真 021-62572105
客服电话	021-62865537
邮购电话	021-62869887
地　　址	上海市中山北路 3663 号华东师范大学校内先锋路口
网　　店	http://hdsdcbs.tmall.com/
印 刷 者	北京博海升彩色印刷有限公司
开　　本	890×1240　32 开
印　　张	8.75
字　　数	197 千字
版　　次	2024 年 2 月第一版
印　　次	2024 年 2 月第一次
印　　数	6 100
书　　号	ISBN 978-7-5760-4293-1
定　　价	55.00 元
出 版 人	王　焰

（如发现本版图书有印订质量问题，请寄回本社市场部调换或电话 021-62865537 联系）

目录

我的老师王木春（代序）　1

第一辑 教书19年，我开始学习笑

教书19年，我开始学习笑　3
理想，仅有它还不够　6
活出自己的生命情调　10
"不坚守"与"坚守什么"　16
"是什么在内心支撑着你"　20
挫败感乃教师职业的"家常饭"　26
真正的教育，在心与心之间　29
一次追悔莫及的评课　33
给我的树们上课　36

第二辑 受过良好教育的灵魂

受过良好教育的灵魂　43

不做鸿鹄，愿为燕雀　47

读诗，不是罪过　50

"我没有给你丢脸"　54

补习生阿常　58

"怪才"不怪　62

那些"差生"　67

逆时针奔跑的孩子　72

让学生昂首挺胸　78

第三辑 学校不是名利场

学校不是名利场　85

那双蓝蓝的眼睛　88

禁不住的感叹　91

为何你如此冷漠　95

闲暇是教师最好的继续教育　98

莫把自己当"斗鸡"　101

口号、"火药"及高三味道　104

无声的教师　108

珍惜词句，不做伪君子　110

谁能使我的心免于哀伤　113

对不起，我忘了你的名字　117

迟来的人生一课　120

"榜样"的枷锁　124

永不回来的校园风景　128

第四辑　那些事，那些人

我的开学第一课　135

"夫妻班"　139

不仅仅是"最后一课"　143

"那就摸摸书吧"　147

你的"春心"醒了吗　151

"失陷的"语文课　155

那年教师节，我学会了流泪和鼓掌　160

一种名叫泰戈尔的树　163

我宽恕，但永远牢记　167

只记得这样的第一课　171

"猫头鹰"老师　175

千江有水千江月

——回忆我的老师陈节　179

第五辑 在一本书面前坐下来

在一本书面前坐下来　189

冬夜，一些书静静地醒来　194

冬天的怀念　198

在尘土中锻造出"金玫瑰"　202

孩子的心是玻璃做的　206

美丽的"谎言"教育　210

教育是母性的
——读里尔克《给青年诗人的信》　214

中年读书　222

读书，第一要紧是把自己弄"通"
——民国名家的读书经　227

在纸页间读出"人"来　235

附录

王木春：一个教育忏悔者（采访：谢云）　243

一个人与一片海（采访：王莉）　256

后记　我的"反抗"和"拥抱"　265

我的老师王木春（代序）

柯霁阳

王木春就是春哥。春哥是我的语文老师，但他一点儿也不像个老师，这是实话。老早就想写一篇关于他的文章，迟迟没有动笔，怕自己把握不好。

一

春哥的语文课没有什么固定的模式。他告诉我们课上要随意些，想说什么就说什么，不必顾忌。他喜欢听"不同的声音"。

还记得春哥的第一堂课，是弥漫在木棉花香里的，花香似有若无，整个课堂溢满淡淡温馨。

"你们知道吗，昨夜木棉花都开了。我的心情无比灿烂。这两棵树，伴我度过了中学时代，留住了我的青春记忆。如果有一天它们不幸惨遭砍伐，像校园里曾经活过的无数大树一样，那么，我就要伤心死了。"

第一堂课，总给人无限的遐想。我打量着眼前这位老师，说不出什么感觉，仿佛冬天的雨细细地洒在心田，荡起一圈圈的涟漪。我隐约感觉到，他是个性情中人。

当然，我还记住了他的木棉。

后来，他陆续为我们介绍了一些文章、一些好书、一些可爱的人。他会像个孩子似的絮絮叨叨地同我们分享他的心情，诉说烦恼。遇到好文章，春哥喜欢大声朗读，偶尔会读出泪花。每当此时，他总是迅速地擦掉，然后偷瞥我们一眼，以为我们不知道，这才放心地继续朗读。有时候读到尽兴处，春哥大概又想起什么，木然出神，自言自语道"对，对"，然后意味无穷地"嘿嘿"笑几声。倒是他的笨拙样子常惹得我们哄堂大笑。这样的课堂也并非能完全得到大家的认可，毕竟现实中还有无数大大小小的模拟考，甚至影响重大的高考，似乎容不得丝毫的诗意与浪漫。A 同学就说过，她倒愿意上一节规规矩矩的语文课。

有一回，我问春哥，《幽梦影》中"庄周梦为蝴蝶，庄周之幸也；蝴蝶梦为庄周，蝴蝶之不幸也"一句如何解？他慢条斯理地接过书，看过，又意味无穷地"嘿嘿"笑着，夸这书装帧不错，纸质也好，然后才问我是如何理解的。我胡乱地说了一通，他不住点头称好，然后告诉我正文下面的评语更有意思。

二

四月的天，好像一朵橘子花，宁静地开放在浅蓝色的天空中。这天，春哥上完课，突然说他要离开两星期，到外地做一个小小的手术。"我希望两周后看到你们或是若干年后遇见你们，你们能永远充满阳光，青春美好。"他默默地低下头，缄默良久，接着说："我只想当一名纯粹的语文老师，每天和你们一起快乐地读书，快乐地交流，这样真好……"他的目光直直地扫视天花板，不知道在想些什么。或许他心中有难言的苦衷。此刻，教室里静得离奇，只有如水的阳光在屋里"哗哗"地流动。我的心一阵颤抖，难受。

他常问我们："我的做法就一定是正确的吗？"看来，他也对自我的定位充满了困惑。我也说不上来。那天，春哥给我回短信说："我一直视你们为我的孩子，也努力像对待我的女儿一样对待你们，至少一样诚实。"至此，我才有了答案。我想春哥是真实的，也许是这份毫无保留的真实，让我有一种说不出的感觉。而这种感觉会不由自主地驱使你对他敞开心扉，真实地面对自己，从而化为一股潜在的力量。

我想起了这样一堂课。

三

燥热的五月，白热化的高考复习仍在持续。这时，春哥为我们朗读了阿多尼斯的短诗。

> 我家里有一件外套
> 父亲花了一生裁剪
> 含辛茹苦地缝线。
> 外套对我说：当初你睡他的草席
> 如同掉光了树叶的树枝
> 当初你在他心田
> 是明天的明天。

刚读完上节,春哥有点儿哽咽,便停下来,没说话。他的双眼有点儿潮湿。一线一线的阳光照临窗子,印下一片柔和安详的光影。

"同学们,对不起,我有点儿失控了。《外套》这首诗写得太好了,我太感动了。你们不知道,昨晚我父亲突然生病,当我送他进急诊室时,无意间看到父亲赤裸的下半身,我本能地转过头。刹那间,我突然想到这是父亲的下半身。是的,它已经衰老、丑陋。但如果没有它,怎么会有我呢?父亲也会衰老,但父亲的每个器官都是美的……直到今天,我才真正懂得父亲的含义。"他的声音越来越低,教室陷入沉寂,静得只剩一个孤立无援的身影。

这样的朗读课,大概对于我已是最后一堂。这样真实的课堂,以后的求学生涯中还会有吗?这样的生命唤醒和启迪,以后还会有吗?

四

春哥曾对我们说,在他的小学、初中时代,没有一名老师喜欢过他,甚至可能没有一名老师知道他叫王木春。因为他是个"差生"。

我曾对春哥说,如果有一天我成了老师,我一定真心疼爱每个学生。

是心酸,或是承诺?我不知道。若干年后我还会喜欢教师这个职业吗?我还会坚持最初的梦想吗?我可以顺从内心的想法吗?我不知道。但我知道,我想给当年的王木春一个拥抱,一个足够温暖的拥抱。

那天临走前,春哥对我说,要现实一点。我忽然有些伤感,室内的热气突然从胸口漫溢到眼睛,便急忙转过身去。一阵压抑。我知道他是担心我将来碰壁。我还能说什么呢?我点点头。我抬头看到他目光直直地眺望远方,不知道在想些什么。我想起了课堂上的他。

那个孩子似的王木春,那个在操场上迎风独自奔跑的王木春,那个读着好文章会流泪的王木春,那个曾经一次次念叨他的一届届学生的王木春……当我日渐懂得他的时候,我却已经毕业了。有一天,他会在岁月深处怀念我们吗?

有人说最好的师生关系应是亦师亦友,或许对于我们和春哥,恰如木棉花和木棉树。我们早已同天空、同大地融为一体,自由地呼吸,自由地裸露天性,自由地在天地间舒展生命。

行文至此,一场淅沥的雨正滴滴答答地下着。校园里的那两株木棉树又该到换新叶的时候了。我看见,大地,木棉花,一片纯洁,一片晶亮。

(作者为福建省东山一中 2010 届高中毕业生)

第一辑

教书19年,我开始学习笑

教书 19 年，我开始学习笑

那年在省城参加培训，某教授引用作家池莉小说中的一句话：那人走起路来那么疲惫，像小学老师似的。我和其他学员忍不住笑了，笑得很响亮，也笑得很心酸。

多年后，有时看到个别同事的脸，我会冷不丁地记起池莉的话，同时想：一个人的走路姿态，可以暴露其职业；一个人的脸，岂不亦然？

几天前，朋友问我："如果为刚入小学的孩子选择教师，该侧重教师哪方面的素质？"我毫不犹豫地告诉他："首先看教师的脸，其次听教师说话的语气。孩子年龄越小的时候，教师的脸和说话的语气越重要。""难道教师的专业素养不重要吗？"朋友又问。"当然重要，也正因为重要，才作出如此选择。因为一名教师的专业素养，会写在他的脸上，流露在他的话语间。"我回答道。

女儿上幼儿园时，我接送孩子，远远地常听到一名女教师极高且尖锐的喊叫声，近乎歇斯底里。而站在园门口的园长，则每天一副冷若冰霜的模样，其任务似乎只是向家长告这状告那状。有一阵子,女儿突然哭闹着不去幼儿园了,我猜,年幼的她大概本能地受不了既冷又粗暴的环境,换成我,也要逃了吧。可是,我们夫妻要上班,家里又无老人帮忙,只得狠狠心一次次连哄带骗把她往幼儿园里推,让她穿过冰冷的目光,走向高而尖锐的吼叫声……

如今,女儿已是高一的大姑娘。最近我问她:"我们找时间去幼儿园拍张照片作纪念,好吗?"女儿竟爽快地答应了。她已经忘记当年的恐惧和泪水了。可我无法遗忘。有时,路过那幼儿园,一些可怕的声音和脸孔,依然隐约袭击着我的神经。这段记忆对我影响至深,如今假如有人无端地朝我大吼大叫,我的排斥心理往往格外强烈,我要么目瞪口呆地盯着他看,要么干脆一走了之——这是我表达蔑视的举动。

其实,我不该一味指责别人,我又在课堂上真正开怀朗笑过几回呢?从教的第一年,学生黄冠能递给我一张小纸条:"王老师,您的笑,对我们很重要。"这张纸条,我终生铭记。那时,我刚离开象牙塔,跌跌撞撞地拐进另一个非常现实的校园,挣扎在繁重的生存压力与工作压力之间,整天战战兢兢又晕晕乎乎,脸上哪能挤出一丝笑容?

笑,不单纯是一种表情。笑,从本质上说呈现出的是一种心情、心境,甚至是一种感情、一种情怀、一种内在修养。当我年轻时,我的生活陷在极度艰难的泥淖中,笑的花朵失去了必要的滋润,是绽放不出来的。

今天,不再年轻的我,脸又改变几许呢?除了多出一道道或浅或深的皱纹沟沟,还多出些什么?不久前,我的高一年段新生邱钇泽在周记中写道:"老师,您笑一笑,我们才会不怕。"我内心的悲哀无以言表。我为自己十几年教育生涯的失败而悲伤，为缺失笑容陪衬的满脸皱纹而哀伤——它一定干瘪至极点，丑陋到极致，令学生害怕到难以忍受。也许我的语文课曾经精彩过，可是，我没给学生带去为人师者应有的职业欢愉与荣光。没有欢容的教师，其职业尊严令人怀疑。我由此认识到，不管我以何种理由为自己的"不笑"开脱，都是苍白的。说到底，我与那名幼儿园园长有何差别？

我的笑，是献给自己的礼物，也是献给我的学生的礼物。青春需要笑颜来点缀。为什么我要吝啬呢？难道我肩上的苦难、我四周的凄风苦雨有那么重吗？重得 10 多年来，把心底和脸上的一朵朵笑都压死了吗？

我终于悟出教师的笑的意义了。我决定要笑了，但我必须先学习笑。

我开始对镜自笑，不自然地笑，痛苦地笑，好笑地笑。后来，背着镜子笑，想由心底先笑起，一点点地增加笑的容量，一寸寸往上涨，直至漫过胸膛、漫上脖子，自然而然地溢出脸庞。最后，我才靠近教室，走进课堂，用笑脸迎接学生的目光。

我决定这样行动时，已经是一名拥有 19 年教龄、年逾 40 的中年教师了。

2010 年 10 月

理想,仅有它还不够

"王老师,我被某中学录用了,马上就去上班。"你的豪情与快乐感染着我。记得两个月前你发来邮件,说你打算去中学教书,我还将信将疑:一个中文系研究生,出路应该不少,为什么选择当中学教师?当然,我并不认为当教师不好,只是不少人的想法和我不同。你回答道:"我读中学时就立志当教师,尤其是要当语文教师。"

假期,你来我家,找我这个当年的高中语文老师聊一聊。后来我有客人来,我们的话题无法继续。可有些没来得及说的话,留在心里头不舒服。现在,我就写出来好了——

首先,我想提醒你:既然立志当教师,无论遇到什么困难,都不应后悔,而且不要把教书仅仅视为谋生的职业。"职业化"教师与"事业化"教师的区别,就在于心中是否竖有一面旗帜,这面旗帜的名字叫作理想。

我见过一些所谓的"名师",不外是只会死抠教材、琢磨考题、死揪学生的"高手"而已。他们几乎不阅读,不写作,不思考,是典型的知识贩卖者。学生上他们的课,获取了"敲门砖",砸开了大学的门,然后抛掉"砖头",便一无所获。我不愿你成为这样的老师,哪怕是"名师"。

一名大写的语文教师,定然是个坚定的阅读者、写作者和独立思考者。读书、写作与思考,是你的专业基石,能使你在课堂上挥洒自如、游刃有余,赢得职业的尊严。这些还能提升你的境界,让你成为有品位、有深度的"精神自由人"。当你做到这些,你自然而然地就会不满足于照搬照抄、照本宣科,你就不会将一群有血有肉的学生教成仅会背书和做题的呆子。

因此,要教学生做人,做完整的人。我所说的教学生做人,并非苍白地去说教,而是需要你亲自去践行,用实际行动实现你的追求。比如,平等对待每个学生,不管他是聪明的还是愚笨的,不管他是富有的还是贫穷的。他们今天唯有一个共同的身份——学生。比如,宽容对待学生,容忍他们犯错,容许他们发出不同的声音。因为他们是孩子,更因为他们是未来世界的主人。

你或许会说,自己的力量太微弱,起不了多少作用。不,千万不可小觑一个人的能量。别忘了,你是老师。今天你传授给学生什么,他们明天或许就成为什么样的人,回报给这个社会。况且,你面对的是一个群体,而非单个的人。你影响不了张三李四,却可能影响王五赵六。10年后,王五赵六又将影响更多的人。

做到这些,真不易啊!你得准备好付出大量的劳动,忍受更多的寂寞和压力,甚至过一种稍稍有别于他人的生活:当大家一味埋头做习题时,你除了做题之外,还要跳出来,思考更宽广的问题;当大家逛街、娱乐时,你得沉浸于读书;当大家忙于赚钱时,你要用文字诉说自己的思想……

除此，你更要知道，光有理想和付出是不够的。

你很幸运，一毕业就进入省级名校。名校有充足的良好教育资源——众多的名师、深厚的文化底蕴、健全的管理制度等。这是你取之不尽、用之不竭的宝藏，只要你用心汲取，就可以很快地成长。20年前，我被分配到一所极为普通的中学，那里良师本来就稀缺，我能学到的东西极其有限，只好独自摸索前行。那时，没有网络，缺乏书籍，更无机会外出学习，一个人闭门造车，收效可想而知。今天，我的课堂教学存在随意性的缺陷，就是在那种环境下形成的。不过，普通中学也有好处——它宽松的管理无形中为我提供了施展个性教学的舞台。我一边教课本，一边补充大量的课外读物。如此教法短期内无法出成绩，好在学校领导、学生对分数不功利，对老师不苛责，即使有点儿意见也不会"上纲上线"。三年后，我所带的学生高考语文成绩非常出色，我也因此获得了大家的认可。打赢了"第一战"，下面的路就平坦多了。然而，今天的你与我不同，你身处名校，可能连平时考试也有评比，大多数学生和家长都讲求实际，对考试成绩格外重视，教学上肯定容不得像我这般"放肆"。因此，你要脚踏实地，尽量不要让成绩落后太多。

其次，我还想提醒你：在当今背景下，谈论教育理想，是需要本钱的。首先你得生存下来，而后再谋发展。同理，在教学方面，你不能过分图新求异，要先虚心学习继承本校优秀教师的好经验，博采众长，水到渠成地形成自己的特色。若急于求成，一意孤行，你的路将愈走愈窄。多年前，我认识的一名刚做教师的大学毕业生就是典型的例子。有一次，校领导听完他的课，给出一些中肯的批评。年轻的他不以为然，理直气壮地反驳道："这就是我上课的风格！"一名新教师，教学上刚起步，奢谈什么风格？即使有风格，也不能以此为挡箭牌，拒绝别人的批评。那名年轻教师的惨淡结局，不难预料了。

前年，你曾来听我的课，又主动要求对你的学弟学妹们讲些话。记得你说过："王老师教我三年，让我印象最深的不是他传授给我多少语文知识和能力，而在于他在思想和人格上对我的影响。"那时，你的学弟学妹们，还没走出中学，大概是听不懂这些话的。他们中有的人还屡次要求我上课"什么都别说，除了讲评试卷、讲讲和高考有关的东西"。幸亏我是老教师，顶得住来自少数学生的压力，终于顺利地按我的教学思想一路走完，幸好高考还有个不错的分数。

刚走上讲台时，我也像许多年轻人一样，满脑子冒着一个个教育理想的彩色小泡泡。那时的理想，纯粹、炽热，却也盲目而脆弱。几年后，经过了风吹雨淋，浪漫的油彩一点点剥落，徒留赤裸裸、空洞洞的现实。直至两三年前，我似乎才走出迷茫，学会以冷静、宽容的目光阅读周遭的人与事，在纷纷扰扰中找准自身的坐标和努力方向，在现实与理想中获得平衡——既不过度理想化，又不跪倒在现实面前，并避免与强大的现实起正面冲突。这段不长的心路，我走了近20年。在这过程中，我认识到——

理想虽美好，但仅有它还不够。

2010 年 11 月

活出自己的生命情调

王老师:

　　您好! 在一篇文章中,你对一名刚入行的新老师说,要把教书当成事业,而不仅仅是职业。类似"劝教"的话,我听过多次。你真是位有教育激情的老师。和你相比,任教10多年来,我一直处于"职业化"的层次,因此也一事无成。不仅如此,我还常为自己是教师而感到羞愧。在家庭里,弟弟是普通公务员,一个月的各种收入,是我的两三倍;在外面,我总掩饰,不想让人家看出我的身份。还有,如今学生厌学现象越来越严重,教学和考试压力越来越大,我真想离开教育行业……

F 老师

F 老师:

　　读了你的信,我的心沉甸甸的,似乎看到一个痛苦的身影,挣扎在我的面前。这影子像极了曾经的自己。

　　多年前,我也陷在同样的纠结中无法自拔。如今我渐渐走出这阴影,当然远远未达到你所称赞的"有教育激情"的境地。

很碰巧,今天在办公室里,我听到几名年轻的同事在议论刚过去的"教师节"和"最美教师"。大家认为社会一味鼓吹教师要讲奉献,这要求高得脱离实际,很空洞,也让人无法承受,因为"真正把教书当成事业的能有几人""教师不外是世间千百种职业之一,普普通通""一名教师,只要把本职工作做好了,完成教学任务,就问心无愧,就是奉献"。我同意他们的观点。长久以来,全社会一方面把教师职业抬高到天上去,反复加以"神话";另一方面却"口惠而实不至",其结果往往加剧教师的反感。我插话说:"至于教师把教书当成事业还是职业来对待,要因人而异,不能强求人人都视教育为事业。不过,如果一个人在从事某种职业时——无论是当教师,还是当普通银行职员,既做好本职,又收获着快乐,于人于己都是最好不过的。"接着,我给几个年轻人讲述我遇到的一件事。

两年前,我在厦门某车站售票口,问有没有到东山岛的车票。里面传来的尖锐的声音吓了我一跳:"去县城吗?几点的?"我陪着小心回答。"大声点!几个人?有没有带小孩?"口气中透着极大的厌烦。透过玻璃窗,我惊异地见到一张涂满"污垢"的脸,心底的火气顿时烟消云散,代之以同情:可怜的人儿啊,她每天上班如此吼叫不停,乘客难受,她自己一定更难受,她下班回家,万一还带着这样的脸相和口气,家人会爱她吗?

有了这次经历,以后每次来这小车站买票,我都留个心眼儿,随时准备迎接几声猛烈的吼叫。

同事们听了我的讲述,猜测女售票员大概生活不如意。我不知道。我只是说出我的结论:"同一种职业,同样的待遇,有人可以做得有滋有味,自在舒坦;有人却怨气冲天,像做苦工一般。"

同理，F老师，你问我如何对待自己的职业，我的观点是：如果我确实厌倦教书，觉得做教师是一种煎熬，度日如年，"连自己也瞧不上眼"，我就会想方设法摆脱它，哪怕从事其他行业也不见得轻松和富有，但至少减轻了一层精神折磨；如果我不想或无力离开教育，我就会先让自己安下心来，然后进一步改变自己的心态。

如何改变心态？从上面那名女售票员的身上，我获得了反面的启示：爱自己的工作，从某种角度看，就是爱自己。作为教师，如果每天迈向校园时，步子有千斤重，情绪抑郁悲愁，不难想象，当他走进教室，看到一群活泼的年轻人，他会快乐起来吗？而当他遇到不顺心的事情时，他又将做出何种反应？一个人日复一日、年复一年地置身于"低气压"情绪的控制之中，首先伤害的是他自己的身心。

教师的工作有一个特点——时间长，从早自习到上课、备课、改作业、应对检查、辅导教育学生、和家长沟通，以及进修学习等。可以说，大部分老师的工作时间每天不低于10小时。长时间"浸泡"在与职业相关的琐碎事务中，一颗不快乐的心所释放出的"毒素"，何其强大！此外，教师这种阴郁的生命状态，极可能危害一大群学生。教育不是简单地传输知识，像工人搬运货物一般，教师在讲台上下的一言一行，都将刻在许多学生的记忆中，影响所及，也许是一生一世。如果我态度消极，误人子弟，就会于心不安。所以，我常提醒自己，要把工作和生活协调起来，既在工作中寻找积极的意义，充实我的生活，又把生活中的幸福感融入工作中，促进我的工作。总之，把爱职业和爱自己融为一体，从而为自己找到安身立命的好去处。

前不久，读到美国杰出的心理咨询师露易丝·海《生命的重建》一书中的几段话，愿意和你分享：

> 我爱我自己，因此，我做我真正喜欢的工作，一个可以发挥我的创造力和天赋的工作。我和那些爱我的和我爱的人一起工作，我为了他们而工作……
>
> 我爱我自己，因此，我用爱的方式思考和行动，我这样对待所有的人，他们又成倍地返还给我。我在我的世界里只吸引可爱的人，因此他们是我的镜像。
>
> 我爱我自己，因此，我完全生活在现在。我体验每一个美好时刻，而且我知道我的将来充满光明、喜悦和安全。因为我是宇宙中的一个可爱的孩子，所以这世界乐意照顾我，现在和永远，都是这样。

有时，陷在沮丧的情绪中，我就朗读几遍这些话，给自己以正向的暗示和鼓励。你不妨也试试。

当然，我强调个人内心建设的重要性，并不否定外在物质的作用。的确，今天教师的工资水平与实际付出存在一定的差距。这需要全社会来关注和改善，也需要每一名教师的积极呼吁和争取。但是，我觉得，工资高了，除了提高物质生活水准之外，不一定就能带来职业的幸福感和精神的满足感。物质是幸福的基础，但绝非全部。

钱穆先生在《事业与职业》一文中说："专知有职业，其实是人生一痛苦。必待有事业，才是快乐的人生。这并非说，职业只得收入一百元，而事业可有五百元。其间差别，乃至内心上，精神上。"什么是内心上、精神上的快乐呢？钱穆先生回答说："论金钱，一位先生总是所得不多。但若有一位学生将来有了成就，在他心上，却是无上愉快。他在精神上的那份快乐，也就是他无比的报酬了。"

当然，学生取得成就仅仅是教师职业快乐的源泉之一。教师职业的快乐，在我看来，更在于教育是一种推动社会进步的力量。著名学者傅国涌说："社会是人的社会，只有改变人、重造人，这个社会才有可能得到改变。一个健康社会的造成，有赖于一个个健康的人的出现，教育的根本目的就是造就人。……所以，教育是社会建设或者中国未来的基础。"而教师正是以亲身的实践，参与到"社会建设"之中。因此，我更愿意把精力投入到做快乐而有意义的事情中去。也只有这样，当我从事教育工作时，我才能拥有方向感和独特的成就感，才能不被外界迷惑，一路行走得更远。

换个角度分析，如果我们一味沉溺于对职业的厌倦和抱怨中，结果又如何呢？待遇会因此提高吗？社会对教师的看法会自动改变吗？我们的心情和生活品质会由此变好吗？答案是否定的。既然这些均无补于现状的改善，那么，我们不妨选择改变心情、改变对职业的看法和态度，或许，我们的生命将出现"柳暗花明又一村"的奇迹。当找到职业的真正意义，多少也就改变了我们对职业的看法。

F老师，基于上述认识，接着我们来审视考试压力的问题，或许能清晰些。在当下的教育处境下，完全撇开应试是不现实的。但是，把应试奉为主宰一切的唯一标尺，包括衡量教师的能力、价值，则是片面的、荒唐的。所以，对待考试，我们应该有个基本的立场：在帮助学生考好成绩的同时，更要坚信教育的根本目的是人的教育，而非仅仅为了培养适应市场的职业人或者头脑简单、唯唯诺诺的工具人。有此信念，我们就不轻易迷失方向，也不会为考试分数的高低而一次次纠结，进而在平凡的工作中找到个人的价值，以及生命的情调和尊严。

2012 年 9 月

"不坚守"与"坚守什么"

王老师,我突然觉得我除了一个孤立无援的梦想之外,一无所有。我有点儿质疑自己,我不知道还能不能一如既往地热爱并坚持下去。很多事情并不像春哥("春哥"是学生对我的称呼)在中学时代告诉我们的那样,常常充满悖论。一个多星期以来,我内心很失落,对我未来的职业感到前所未有的彷徨。我和几位高中同学不约而同地向许多人谈起春哥,但很多想法、观点并非他人所能理解。我们就好像"异类"。我像是"一捆矛盾",似乎有越来越严重的人格分裂……

我一个念师范学校的学生 K,进大学不足半月就在 QQ 上向我诉说苦恼。当语文老师一直是她的理想,然而大学生活使她对自己的理想产生了怀疑。看着她的留言,我十分难过、内疚。因为她的选择和我脱不了干系,按她的说法是"中王老师的'毒'太深"。

又有一学生 Y,即将研究生毕业。她钟情小学教育,还顺利地去小学实习过一个学期。可是，经过一段时间的思想斗争后，她最终选择考公务员。我理解她的决定，同时也深感惋惜，中国少了一名优秀的小学教师。

还有刚研究生毕业的学生S，已顺利进入某知名中学当老师。这个学生我挺看好，因为她喜欢教师职业，家境富裕（父母完全有能力帮她在大城市过上轻松的日子），人比较"小资"。我总以为，"小资"的人，经济上不拮据，更易成为受学生欢迎的好老师。不料，据说她不久前突然辞职了，离开了教育行业。

这三件事，都发生在最近两三个月内，让我心里很不是滋味。三个学生都曾怀着美好的期待踏入师范学校，却在现实面前感到了困惑，甚至选择了放弃。我想象得出她们的无奈与悲楚。

人们一说到教育、教育理想，爱搭配上一个意味深长的动词——"坚守"。看到"坚守"，我条件反射般联想起"坚守阵地"，随之一股硝烟味窜起。教育及其理想一旦变得需要"坚守"的时候，便染上了几缕血色，几分沉重和悲壮。

可能因为如此，不止一个人问过我："你为什么能坚守教育理想直至现在？"我除了觉得好笑之外，真的无言以对。理由有二：其一，我没有一直坚守教育理想，还当过一个阶段教育的"叛徒"；其二，我以为真正的理想实在犯不着摆出"坚守"的姿势。

对教师这个行当，从小我就鬼使神差地向往。小时候不用说，到了高中，做课间操时同学们都去了操场，我和同桌常借故滞留在教室里，模仿老师在讲台上的一笔一画，自得其乐。上大学后，我买了许多书，虽然当时不读，但心里明白这是为将来当教师作准备的。终于有一天自己名正言顺地站上讲台，发现这几尺见方的地盘一点儿也不好站,起码没有想象中简单。任教一年,遭遇一些丑陋的人与事,这使我怎么也快活不起来。况且,我想安心地读书、备课、教书,但这个想法却很奢侈。一家人局促在20多平方米的破旧平房内,冬寒夏热,春秋不通风;上有老鼠夜间结群追逐,下有蚂蚁白昼扎堆游行。有一两年时间,我无心教书,四处兼职,做梦都惦记着赚钱养家买房,此时遑论什么教育理想!古人云:仓廪实而知礼节。我却谓:温饱足乃谈理想。

几年后,我搬进了新建的教师宿舍楼,虽仅两室一厅52平方米,足矣。记得抽签抽到第四层楼(最高层),我欣喜异常,在放抽签纸条的信封上写道:"感谢上天,让我住到离天堂最近的地方。"以此作永久纪念。可见,在我眼里,那样的房子算得上是离天堂很近的地方,我还有什么不满足?

与此同时,工资和奖金逐渐增长,小日子逐渐滋润起来,我慢慢地把全部的心思放在教育上,带着一届届学生积极"备战",冲刺高考。"一切为了高考,不惜代价!"这成为我那时候最高的教育信念。

我是个精神境界十分平庸的人。所谓"平庸",首先指所从事的职业要满足我作为一个社会人的基本生活需求——衣食住行,还有尊严。让我穿一条打满补丁的裤子跳上讲台,宣讲什么教育理想,我于心不甘。在此基础上,才能加以自我提升,追求精神的富有,即走向教育理想的层次。我不否认仍存在安贫乐道的教育理想主义者,我对他们满怀敬意,但我不配做他们的同路人。

多年后的今天,我对教育理想的诠释,又跨出了一步。它多少越过了当年"一切为了高考"这种极具功利色彩的阶段。

这些年，我读过一些好书，接触了一些热爱教育的同行者，我的眼前多了一扇通往远方的窗户。如今，提及教育理想，虽然沉重难免，但我不再心虚、不再"害羞"，我可以自豪地宣称我是个拥有教育理想的人！我发现，我从未像现在这样如此贴近教育，如此真切地触摸、体验它涌动不息的苦痛和欢欣、迷茫与希望。这种贴近感和切肤之感，使得原本漂浮着的教育理想，更踏实，也更清晰。从某种角度上说，从事教育、思考教育已成为我人生自我实现的方式，成为一种独特的乐趣。

当跳出"一切为了高考"的狭小空间后，教育才真正朝我展现它多维的向度。今天，历史的巨轮正行进在通往文明彼岸的大洋中，可能会遭遇浊流与暗礁，但是，作为教育者，我并不绝望。只要教育在，只要基本人性在，希望就不会灭。生活的巨流在看不见的深处激荡着，挟着黑暗与光明，向着谁都无法阻挡的前方。而作为这时代的个体，我并非无所作为。我今天任何微不足道的一言一行，从长远意义看，都参与到培养未来公民、建造美好世界的伟大行动中。我在从事教育的过程中，不断地阅读吸收、自我打开，然后把一束束精神火种，传递给下一代，让他们变得独立强大，有能力、有胆魄去选择明天的道路。这就是我所追寻的教育最根本的力量和价值所在。

2011 年 12 月

"是什么在内心支撑着你"

晚自习时,我坐在教室门边的椅子上,偶有清爽的风从走廊的另一端吹来。这是南国海岛的 10 月。楼下龙眼树的香味随风起伏,若有似无,为幽静的夜调上淡淡温馨。

我手捧索尔仁尼琴的《癌症楼》专心阅读。

"老师,我想和你单独说件事,在走廊上,行吗?"学生 L 站到我前面,小声说,带着往日的笑容。

我教 L 已两年多,她性格开朗,又有爱心,很讨人喜欢。

我抱着书,和她来到廊边。

"老师,我和你说件事,你别介意哦。"她申明。我鼓励她"但说无妨"。心想,还能有啥大不了的事呢?

"王老师,你知道,我们都尊敬你,对你的话,一直很信。不过,"她看了我一眼,"不过嘛,现在是高三了,大家学习非常紧张,我希望老师——有几个同学也这样认为——上课时不要讲无关考试的事,尤其不要说些消极的话,就讲练习好了,否则会影响我们学习的积极性……"

我有点儿纳闷。是的,我向来不喜欢按部就班地讲授课文或分析习题，会不时"借题发挥"，聊点儿社会问题或自己近期阅读什么书，最多的是朗读一些好文章，请学生评价。我认为，学生来学校，不单单以掌握知识和获取分数为目的，还应该成为关心社会、懂得思考、乐于交流、眼界开阔、内心丰富的人；况且，课堂上的交流，对于学生学语文非常有益。教科书上的几十篇文章是语文，课外的文学天地也是语文，比文学更辽阔、复杂的生活也是语文。但我理解孩子们当下的处境，他们为了高考，争分夺秒，恨不得把一秒钟敲碎成十秒钟，用于做题。他们无暇顾及其余。于是，我点头说："好，以后就专心讲练习。不过，你提到的'消极的话'是指什么？"

"就是一些比较消极的事情啊。比如，你前几天说，你国庆节那天上午一直在睡觉，没看阅兵仪式……"哦，记起来了，国庆长假后的第一堂课，我问学生们国庆期间主要做了什么事。问了七八个学生，他们都说："看阅兵式，太壮观了，太激动了，太伟大了！"我也向他们汇报我的假期动向，说："阅兵仪式我没看。不过，我女儿和你们一样，也爱看阅兵式，她见我一上午睡大觉，很纳闷地：'全世界的人都在看阅兵式，整个小区四处回荡着阅兵式的呼喊声呢。'女儿仿佛把我当成异类。我对她说：'全世界的人都喜欢的东西，为什么我也得喜欢？我睡觉难道不行吗？'这名女生批评我不爱国。我反问道：'看阅兵式就爱国吗？'"课堂上，我转述这些话时，学生们笑了。

其实，我只是想告诉即将走向大学、走向社会的他们，每个生命都是独立的个体，有权利拥有自己的喜恶，并受他人尊重。估计有的学生把我的话当成对阅兵式的揶揄了。

此时，我却不想申辩。我茫然凝视着面前的龙眼树，沉默无言。

"王老师，告诉你，咱们班上有些同学的父母会浏览你的博客。有的家长对孩子说，'你们语文老师太有个性，他的话，你们得警惕，不可全听，要辨别……'"L突然说。

一根冰条冷森森地划过心头。

我对L说："谢谢家长光临我的博客，他们说的话没错，人本来就该如此，要有辨别力，不能盲听盲从，不论对谁的话。"

说着，我觉得有什么凉凉的东西在身体内部缓慢洇开去。那是一种叫悲哀的东西。我最后说："好，以后上课我尽量不说别的，更不说'消极的话'。"说这话时，我像个犯了错的小学生。

学生L回教室了。我独立廊边，眺望远处黑沉沉的夜，第一次看清楚自己的无力、失败。从教18年，不是没有学生给我提教学上的建议，但这次不同。曾几何时，我沾沾自喜于自己所谓的"聊天式"教学风格，此时，我却发现原来自己是在自娱自乐。学生并非我理想中的样子，他们首先要面对升学的人生现实课题。家长何尝不是如此呢？他们担心孩子的高考，操心孩子将来的就业。倘若孩子受我影响太深，变得"太有个性"，岂不有四处碰壁的风险？

蓦地，我又庆幸起来：幸亏我在许多人眼里不是个"坏"老师，幸亏我是个有18年教龄的"老"教师，幸亏我所在的学校地处偏远的小县城，幸亏我每届学生的高考成绩都还好，幸亏我抽屉底垫着几张荣誉证书，幸亏我还在学校担任某种职位（外行人一般持这种逻辑：领导都会教书，要不，怎么能当上领导），幸亏……否则，我该如何面对这一切？

第二天，我对全班学生说："以后上课我就不再讲课外话了。"说完，从头至尾讲解一道又一道的习题。

一星期后的周末深夜，我信手点开邮箱，有两个学生发来的邮件。其中一封邮件中还附来宫崎骏动漫中的一首乐曲《天空之城》。也许是因为刚喝了点儿小酒，也许是由于音乐的魅惑，也许什么都不是，未读完信，泪水已模糊了双眼。我第一次发觉：教育，让我如此在乎……

王老师：

　　我还是忍不住敲下这些文字。

　　其实，我从懂事起就喜欢上了语文，或许那时候因为看的童话书很多，有一点小基础，经常受到表扬，初中又经常得意于卷子上的高分。上了高中后，我发生了很大的变化，总觉得自己是精神生命初成却在现实中寻觅、失落的幻想者。我很幸运地遇到了王老师，我敢说我是真正地喜欢上了文学，也感到自己读书不多，或者说之前的读书并不是真正意义上的读书。

　　还有，我真的好喜欢有个性的王老师。我想在手掌中摊出一朵最娇艳的玫瑰，一朵充满人性善良的花，而不是奴性，不是附庸。但有时候我却不得不将它掐碎，尤其现在自己是被悬在高三，我必须妥协，哪怕有所牺牲。我喜欢您在课堂上念文章，我觉得这才是真正的语文课，我能感受到您那个过了不惑之年仍负载了不同情感的心。我希望有朝一日我的心灵能像您一样，而不是被无穷尽的习题和模拟卷充斥。我的路宛若架在云端上，梦幻而摇晃，或许在这个时候不可以想太多，但人生真的非要经历那么一个千篇一律的过程吗？读书—上大学—工作—组建家庭—老死。更可怕的是，世人就用这么一种眼光判断一个人成功与否，精神是否正常。我情愿痛痛快快地做自己喜欢的事，哪怕这样只能活出精彩的一年，也胜过漫长的十年、一辈子。

王老师，有时候我觉得其实您比我更矛盾、更无助、更茫然，对作文、对教育、对社会、对人生，我知道您一直想鼓励更多的人发出自己的声音。我相信人生总不该是荒芜的。这些话，本想昨晚就对您说，但听您说到有些同学不喜欢您在课堂上讲其他的话，我却没有勇气说了。那时，我看到了一个比我更悲观、更不自信的您……我会好好念书的，我希望能考上师范，我想当语文老师……

最后，我想多听春哥念文章，趁我们还没毕业，趁我们还有机会，趁我们手心里的玫瑰最后一瓣还未凋谢，还有数不尽的舍不得……

又过了一个星期——这是我从沮丧到重新站起的漫长过程，我终于重新在课堂上为学生朗读一首休斯顿的诗《热爱生命》。课堂是从未有过的静。我内心巨大的伤口正一点点地弥合——

> 你的年龄有多大，我不关心；
> 我想知道，为了爱，为了梦，为了生机勃勃的奇遇，
> 你是否愿意像傻瓜一样冒险。
> ……
> 我并不关心你在哪里生活或者你拥有多少金钱，
> 我想知道，在一个悲伤、绝望、厌烦、受到严重伤害的夜晚之后，
> 你能否重新站起，为孩子们做一些需要的事情。

我并不关心你是谁，你是如何来到这里，

我想知道，你是否会同我一起站在火焰的中心，毫不退缩。

我并不关心你在哪里受到教育，你学了什么或者你同谁一起学习，

我想知道，当一切都背弃了你时，是什么在内心支撑着你。

我想知道，你是否能孤独地面对你自己，

在空寂的时候，你是否真正喜欢你结交的朋友。

2010 年 3 月

挫败感乃教师职业的"家常饭"

> 我是一个不争气的老师,以前是个不争气的学生。心里苦闷……常常想,自己做个普通人也不优秀。这样的人生该怎么办啊?如果像你这样拥有智慧、拥有灵性多好。

看完你的信,似乎有一张熟悉而愁苦的脸出现在眼前,虽然你我素昧平生。

首先,我想说,我丝毫没你想象得那么有智慧,有灵性。从小学到中学,我一直是"差生",高中补习一年才考上大学。你说你"以前是个不争气的学生",说不定你基础教育阶段学习的知识比我还扎实呢。你如此自卑又自责,真的大可不必。

从你的来信中,我猜想,你可能工作上遇到了困难,从而质疑起自己的教学能力。其实,这个问题在一个人漫长的教职生涯中,无可回避。比如我,初登讲台的三四年,激情满怀,初生牛犊不怕虎,从不为教书的事儿犯愁,第一届学生高考也出了点儿成绩。我不由得意起来,以为教书不过尔尔,小菜一碟。又过了三四年,自己迈向教室的脚步渐渐变得沉重,有时竟无端地害怕走进教室。某一天,我突然发现,我几乎不知道如何上课了,对教学失去了方向感,丧失了自信心。这不是简单的职业倦怠,因为我并不厌倦当教师,只是我不满意自己的表现,恨自己的无能。那段日子,我考虑过逃离这个让我力不从心、沮丧万分的职业。多年后回首,我才明白其中的缘由。那些年我一门心思扑在应试上,不读书、不思考,上课就冲着高考的目标而去。学生为了高考成绩尚可忍受一两年,可年复一年的"机械运动",对于我,无疑成了"无边的劳役海中的无尽的苦役"(泰戈尔语)。

后来我琢磨着:不管怎么教,只要我不偷懒,学生的成绩估计不会太差,我为什么不从课堂上做点儿改变呢?如此一想,内心便豁亮起来了。从此,我的课堂开始"变脸"。我的语文课像春叶般舒展开来,不再是让自己望而生畏的"苦役"。借助课堂,我解放了自己,也解放了学生。

也许,你的低谷正与我当年如出一辙。你不妨反省并尝试改变课堂,换一种自己喜欢的教学姿态。

不过,这只是我教书生涯中第一次的受挫和迷茫。实际上,20年来我时常要面对类似的挫败感、无力感和数不清的困惑。

去年,我教高一年级的一个普通班。已经16年不接触这个年级的学生了,在教学上对我来说是一种挑战。而事实比我预料的还糟糕。我的课堂不时受到干扰,我不得不停下来和学生沟通,讲纪律,讲学语文的意义,讲尊重自己、尊重别人,等等。

有一次,讲一篇我喜爱的课文,在"尖子班",师生发挥得淋漓尽致,可到了这普通班,整堂课竟然彻头彻尾就两个字——失败。问题不是出在学生身上,而是出在我这儿。我忽略了他们的起点,一厢情愿地按既定的计划推进,结果可想而知。这是我教书20年来最丢脸的一堂课。当天傍晚走在路上,远远望见本班的学生,羞耻心逼我低下了头,绕道而逃。我不敢去迎接他们可能会鄙视我的目光。好在我"知耻而后勇",以后上这个班级的课时,格外用力备课,其后情况稍有改善。这学期,我不再担任这个普通班的教学任务,可每次经过班级门口,脚步都特别匆忙。我已无法摆脱内心的阴影:教他们的一年里,我虽努力了,却未必是一名称职的教师。

我说这么多,无非是想告诉你,挫败感乃教师职业的"家常饭"。从未有失败体验的老师,要么是超级神人,要么是缺乏自省意识的人。你我都不是这样的人,因此才有自我拷问、自我纠缠的烦恼。好在这些情感——无论是你说的苦闷、悲哀,还是我认为的挫败感,都不全是负面的东西。它们蕴含着积极、健康的因子,那就是对教育的不绝望,对自我的负责以及进一步的期许。

冷静看待自身的局限需要勇气。然而,我们还得拿出勇气,去接纳和直面现实中的种种局限,以寻求解决之道,突破困境,超越自我,找到职业的尊严和欢乐,"构建自己安谧的内心世界"。

在庞大的教师群体中,你我都是普通的一分子。若说存在什么差别,可能我比你年长些,比你早遇见各种问题,积淀了更多的人生经验、教训。20年来的教育经历告诉我:无论生活和教育如何变迁,只要看准方向,用心用力,我们都有希望成为"争气的老师",成为快乐的教书人。

2011年11月

真正的教育,在心与心之间

王老师:

  我是一个喜欢和学生交流的人,但在交流时我总是会有一些隐隐的担心,害怕自己不恰当的言谈举止影响了他们,很多人生观、世界观或是对于幸福生活的看法也许只是我自己的一厢情愿。上半年实习时和学生们的相处就让我体会到了交流的重要,有时候或许一两句话就可以影响到他们,所以搞得我经常小心翼翼地保护着他们,保护着他们对梦想的热情。我要怎么去克服自己内心的担心呢?我也时常给他们说看人、看事得有自己的思想,要学会保留意见。在如此发达的信息时代,交流较以前更容易,他们也乐于和我分享生活,和学生真的可以平等深交吗?怎么建立和谐的师生关系?疑惑多多。

幽心淡墨

幽心淡墨:

  感谢你提出了一个看似平常,于我却非常难解的问题。之所以"难解",是因为我曾经陷入和你一样的困惑中,至今还不敢说已找到答案。但我乐意跟你分享我的一些体会。

你喜欢和学生交流,我以为,这是成为好教师的前提条件之一。无法想象,一名高高在上、冷若冰霜的教师,能赢得学生的欢迎和爱戴。教育的基本原则,在于教师有亲和力,而学生"亲其师"。《论语》中《子路、曾皙、冉有、公西华侍坐》篇,四名弟子之所以在娴雅的琴声中向孔子敞开胸怀,各抒其志,就是因为孔子是个善于与学生交流的人。从某种角度上说,教育的本质在于交流——知识的分享,经验的互听,心灵的相邀,情感的相依,当然更提倡互相质疑、批判,从而抵达教学相长、师生共同成长的佳境。保罗·弗莱雷说,只有通过交流,人的生活才具有意义。……教师不能替学生思考,也不能把自己的思考强加给学生。真正的思考,即对现实的思考,不是发生在孤立的象牙塔中,而只有通过交流才能产生。因此,没有了交流,也就没有真正的教育。

在你与学生交流的过程中,你又暗自担心:"有时候或许一两句话就可以影响到他们,所以搞得我经常小心翼翼地保护着他们,保护着他们对梦想的热情。"我猜测,你平时可能会和他们交谈一些比较"消极"的问题。在很多人眼里,"师者,传道授业解惑"的"道"只能是"正道",只能阳光明媚,否则便是毒害青少年。我不止一次吃过这样的"亏":课堂上一不小心表达了某种不同的观点,立马引来家长对孩子的警告:"千万不要听信你们语文老师的胡说八道。"其实,家长们太高估我的个人魅力了,况且我根本没企图。我颇不理解,有些人平时的所作所为与"高尚"二字似乎沾不上边儿,为什么一旦轮到他们对孩子讲话,则摆出一副正人君子的模样?难道教师就只能在学生面前是一副面孔,在学生背后又是另一副面孔吗?

更可笑的是,有人总以为,只要把后面那方"浩然巾"捂紧,学生就不会知道真相,问题也将不存在。此乃典型的掩耳盗铃。如今是信息发达时代,许多事情是无法掩盖的。如此"硬唱凯歌"的做法,结果可能适得其反,反让学生(尤其是高中生)觉得教师虚伪,动摇了对教育的起码信任。再者,由于学生缺乏必要的理性引导,或许会走向更大的错误。有些问题,与其遮遮掩掩或者唱高调、编织谎言,不如开诚布公,然后因势利导,反而更有利于青少年的成长。比如,针对高中生普遍存在的青春期"性困扰",我给他们介绍了周国平的散文《发现的时代》。

> 我把中学时代称做人生中一个发现的时代。发现了什么?因为求知欲的觉醒,发现了一个书的世界。因为性的觉醒,发现了一个异性的世界。……男孩子的性觉醒是一个充满痛苦的过程。面对汹涌而至锐不可当的欲望之潮,男孩子是多么孤独无助……

文章读完,我向学生坦言自己在中学时代也迷失在"性的黑暗中",也萌生过"爱",因为无知和恐惧,差点儿改写了一生的道路。说完,我希望他们课后写篇读后感,谈谈个人的看法,下节课我挑出有代表性的文章让大家一起交流分享。我以为,对于难以启齿的"性",通过这种方式彼此敞开胸怀、坦诚沟通,是明智的。

也许生活中"双面人"太多,不少学生到了大学后才会诉苦道:"老师,大学不是你们说得那样美丽!"这不怪学生,他们从小就只听到一种声音:"考上大学,就一劳永逸了。"别人在他们脑海里"践踏"出的大学地图，和天堂一般妙不可言。一旦他们身临其境，发现与心中所预想的大相径庭甚至截然相反时，不大呼上当才怪呢。

当然，我不是说，与学生交流就等同于无论什么内容都不加甄别地倾倒下去，而不顾及学生的年龄与心理承受能力；更非专门暴露社会与人性的阴暗面，让单纯的学生对未来感到一片漆黑，摧毁了他们对人生的美好想象。我想，校园中应该极少有这类老师。至于有的老师把学生当成私人不满情绪的出气筒的做法，那不叫交流，那是宣泄，是语言暴力。真正的交流，一定建立在双方平等、信任、愉悦的基础上。平等交流，需要有底线、有分寸。既要和学生分享，使他们对现实有一定的客观认识与独立判断，又要保护他们的好奇心、对未来的憧憬、对人性光辉的信任与追求。

如何做到有分寸感？这大概没有现成的答案，只能靠教师在实际的教育中慢慢体会、感悟、总结，同时不断地阅读，扩展自己的精神疆域。当我们的思想坚实了，当我们的阅历丰厚了，当我们对人生、对教育有了深入的了解，分寸感自然能把握得准确，进而得心应手。

也许你会说，我是年轻教师，要等什么时候才具备这些条件啊？其实你随时都可以坦然地与你的学生交流——就如你已经做的那样。只要我们怀着一颗正直、善良、智慧的心，我们的行动，就不会出现太多的谬误，就会赢得学生的理解和支持，这样我们也就一点点靠近教育的真谛。

2011 年 10 月

一次追悔莫及的评课

对于一线教师来说，开课与评课，总是免不了的事。无论开课，还是评课，在我看来，都是危险的事情。当教师年轻的时候，前者是危险的，因为别人的评价或多或少会影响你日后在学校的地位和发展；当教师不再年轻的时候，当别人的指手画脚对你已不起作用之际，此时评价他人，遂成了一件不容忽视的事。你要艺高胆大加小心谨慎，既评出水平，又避免伤及别人。当然，你可以选择沉默，但有些"身份"又决定你没有沉默的权利，哪怕你明知一开口，就可能将自己置于危险境地。

前不久，到邻校参加联合教研，听了一名年轻教师的公开课。这是名女教师，刚任教三四年。由于地方财政吃紧，我们县好些年都极少引进应届大学毕业生，她属其中极幸运的老师之一。因此，听她的课，不管上课效果如何，本身就是一件新鲜的、令人愉快的事。漫长的雨季虽未完全结束，但若有一缕阳光躲过乌云打到地上，也能给人以一份明媚的心情。

女教师上的课是《林黛玉进贾府》，传统篇目。这篇文章如按传统方法处理，课不难上；若要创新，又有难度，因内容多，不易设计。我满怀着几分期待、几分不安听完了课。

应该说，女教师课前准备充分，口语表达简洁准确，作品把握到位，课堂应变能力好，教学设计敢于突破。比如，她大胆设想通过分析王熙凤、林黛玉两人的性格探讨整部《红楼梦》的主旨等。但缺陷也是明显的：问题的设计失之单调、呆板，无法激发学生思考的兴趣，课堂气氛比较沉闷；对人物性格的分析简单化，没有在细微处加以剖析；设想由王、林两人形象演绎出全书的主题，偏离了学生的实际水平，学生展开讨论的价值不大；等等。

这堂课就像任何一堂正常的公开课一样，有可圈可点之处，也存在可批可责的地方。每一堂课，都是一次充满未知的旅程，无论线路预设得多么美妙和精细，新情况都可能随时出现。何况，对一堂课的看法是见仁见智的事。这些道理我懂得，并且之前一直也这么努力地践行着。可是，这一次，我竟然无端地背离了。在我带有"总结性"的最后发言时，我莫名其妙地接过前面某教师的"话尾"，单刀直入指出这堂课的若干不足。我完全忘记了"先肯定后建议"的原则，忘记了她还是名刚入行不久的年轻教师，忘记了这是校际教研的场合，忘记了在座的还有那么多同行，忘记了自己作为"老教师""学科权威"（虽然我从不如此认为，但一些人会这么可怕地认为）的评价会造成的影响……

于是，这节原本不乏闪光点的公开课，就这样在我无意的打压下瞬间暗淡下去。研讨会结束后聚餐时，我发觉这名女教师提前悄悄地离席而去。直到回来的路上，我猛然感觉出自己的"出格"和残酷，心头充满愧疚、后悔和难过。第二天，我告诉本校同去的几名教师自己的担心，他们也直言不讳地指出我昨天的"过火"。他们还说，昨晚吃饭时，那名女教师一直强调自己"课上得不好"。我更加无法宽宥自己的过失，它像一座黑色的山峰压迫着我。

尤其当我想到，因我的片面评价而给这名年轻教师造成的客观不利或主观压力时，我益发惶惶不安。我在内心不断追问：我是妒忌她的年轻与才能吗？是狂妄地自认为资格老，可动辄训导年轻人吗？是为表现自己的高水平吗？……可是再多的自责又有何益呢？当然，我可以向她道歉，然而我无法收回已造成的影响。说不定，她还会觉得我虚伪。那么，我暂时能做的只有写出自己的歉意与悔恨，并借以提醒自己：从此以后，要少卖弄，多用宽容、欣赏的眼光看待年轻教师，力所能及地给成长中的他们营造一个宽松的环境。

2008 年 4 月

给我的树们上课

不知从何时起，两节课的课间，我不再急匆匆奔往教师办公室，加入喝茶闲聊的队伍，而是搬出教室里的椅子，抱个开水壶，坐到宽敞的走廊边，静静地阅读近旁的树——樟树、棕榈、合欢，以及四五十米之外的两棵木棉。

这些树，20年前我来学校时就在了。樟树，是众树中最年轻的。大概我毕业前几年刚种植的。合欢树，则从来一副老态龙钟相。好几次，见它干巴巴、光秃秃的模样，我断定它气数已尽。孰料，每年春天，它从最高的树梢开始，一笔一画地描上绿意，最终把整棵树包裹在巨大的绿蘑菇里。资格最老者，当数木棉树。至今无人说出它们的年龄。而手栽它们的人是谁，更无从知晓了。反正，独坐走廊，眼前被一团一团的绿色烘托着，心头飞扬再多的尘埃也转眼被吸附得一尘不染。每棵树浑圆的心脏里，似乎蕴藏着无数的奥秘，我与之对视越久，越对其一无所知。

课间来问问题的学生不多，我因此常获得独处的宁静，哪怕只有短短几分钟。我在两个班级任教，其中一个，学生和我熟悉些；另一个班级，却还陌生得很。也许我神情严肃，不苟言笑，教过的每届学生，刚开始都如此，再相处一年半载，便好了。

就这样，我一动不动地盯着树，若有所思又无所思。树，也一样，静穆而立。在世间几乎所有的树上，我都能汲取某种力量。每棵树，都能使我对它乃至对万物肃然起敬。泰戈尔说：安静些吧，我的心，这些大树都是祈祷者呀。而赫尔曼·黑塞说：树木是"具有说服力的传道者""所有的树木都是神灵"。是的，我相信每棵树都具有人类无法察觉的灵魂，正直、优美而高贵的灵魂，即便最丑陋的树。

树如此，微小的一花一草亦然。据说，有人做过实验，让花儿欣赏音乐，花儿会开放得更早。《水知道答案》一书里，日本科学家通过高速摄影的方式拍摄和观察水结晶，发现听到"爱"与"感谢"，水结晶则呈现完整、美丽的六角形；被骂为"混蛋"，水几乎不能形成结晶；听过古典音乐，水结晶风姿各异；听过重金属音乐，水结晶则歪曲、散乱。

这些我坚信不疑。我家最爱养吊兰。院子、客厅、卧室、书房，随处可见，一盆盆长得丰美。吊兰，仿佛成了我家的第四个成员。但长得最有气质的，却是我书房里的那两盆。老婆颇不服气，认为这是我常浇灌茶水的缘故，便如法炮制，结果依然如故。我建议把其他吊兰分批搬进书房寄养，保证两月内让其脱胎换骨。老婆将信将疑地照做了。奇迹一次次出现。从此，书房成了吊兰的寄养基地。我告诉老婆养吊兰的秘密："我常在书房里陪它们，每天至少朗读诗文一小时，吊兰能不喜欢吗？熏陶日久，气质自然与众不同。"

我还发现了另一个有趣的现象：同样的树，生长在校园的不同位置，长势和面貌也有差异。教学楼前后左右的树，特别茂盛、活泼，有精神。而食堂旁、行政楼旁的树，则颜色发暗，即使在春天里也一副老气横秋的样子。大约教学楼旁的树，常得学子们天真笑声的点染。

上语文课时，我爱与学生聊聊天，说点儿心事，或者读读文章。诚然，并非所有的学生都爱听——毕竟这些与考试不是直接相关。但我始终坚持着，有时近乎偏执。我守着一个信念：总有喜欢听的学生，而且还会越来越多。况且，我至少还可以"说"和"读给"另外的"学生"听，他们不坐在教室里，他们是窗外的树——樟树、棕榈、合欢，以及远远的木棉。只要我说心里话，只要我朗读文字，他们就一定听得到。他们是我最忠实的倾听者。于是，在课堂里，每当我偶然想及这一层，心里总摇荡起自信与欢喜，不知不觉将眼睛投向窗外……

昨晚，在床边翻看董桥的《青玉案》，一段文字让我如遇知音。

> 我还记得爱德华讲他老师的书房。他很会讲故事，老师的口音也学得滑稽，他说秋天窗外梨树长出几枚青梨的时候，老师总是枯坐窗前不说话，谁都不敢惊动他。"老师在给青梨上课！"村子里的人说。我小时候的英文家教老师也喜欢跟树上的果子说话，说是树木有情，跟树木说话果实会甜些，说完闭目喃喃背诵几句济慈的《夜莺颂》。有一回，这位英国老先生带我到他家观赏他的小花园，一株苍老的菠萝蜜不算，满园是又矮又茂密的花树，艳阳下一派高更彩笔的胆识。"你试试。"老先生摘了一枚小橘子给我，入口润得要命也甜得要命，到老我再也没吃过这样奇怪的橘子。

我抛下书,久久沉浸在遐想中:枯坐窗前给青梨树上课的英国教师,喜欢跟树木说话的英国老先生,该怎样的自在、萧疏呢?还有那些英国村子里的人,竟容忍一位老师无端地给青梨上课。而酿入了济慈的《夜莺颂》,甜得要命、甜得让作者永志不忘的小橘子,味道又当如何呢?

终于,我忍不住坐起,摸出纸笔,写下这篇文章的开头几句,并做梦般地想:明天,我也将给我的树们上课……

2011 年 6 月

第二辑 受过良好教育的灵魂

受过良好教育的灵魂

我不止一次向别人提到过我教过的一位学生,似乎每次说到最后,我的鼻子总是有点儿酸酸的。

她是个平凡的女孩。

春节前,我在某酒店吃饭,突然接到她的电话。

"王老师,我是某某。刚才我看到你了。"惊喜从手机的话筒里溢出来。我记忆里立刻清晰地浮现出一张瘦小苍白的脸。

我很惊讶,忙问:"你在哪儿?你怎么会看到我?"

"我寒假一直在这家酒店打工,刚才看到您和许多人在大厅吃饭,忙了一会儿,我再进去找您时,您就不见了。您去哪儿了?"她的声音有些急切。

"今天我参加县里的一个座谈会。刚才聚餐,我不习惯这种场面,吃了点儿就走了。"我耐心地告诉她,像几个月前给他们讲解高考模拟试题时一样。

"好的,王老师,我得赶紧去端盘子了,再见,新年好!"她挂了电话。我握着手机,感觉手心里还有一团热。

傍晚的街道，车水马龙，热闹喧腾，我的心情却平静得很。两排老芒果树也静静地伫立在道旁。我感慨着，时光流逝，几个月前，她和她的同学还聚集在我的课堂里，紧张地"对付"着各种各样的试卷，向不可知的命运发起最后的冲刺。眨眼间，暑去寒来，他们犹如成熟的鸟儿展翅飞离枝头，飞离了我的视线。

　　犹记得，高三下学期时，这个女孩给我写了封信。信上说，她学习成绩差，连一向喜欢的语文也成绩平平，这使她苦恼极了。

　　她问道："老师，像我这样平凡、渺小的学生，是您心目中的好学生吗？"当时，我的心忍不住被什么揪住了——不是伤心，而是内疚和疼惜。教她两年多了，我一直忽略了她。即使不是忽略，至少也没有格外地关注。除了知道她念书勤奋、课堂上发言积极之外，对她所知寥寥——因为她的确太平凡了。如果她表现恶劣些也好，我或许会多注意她，可她又那么乖顺。但表面波澜不惊的她，竟埋藏着这么多的心思，可以想象，这些想法不止一次纠缠过她，逼她拿起纸笔向我"求证"。

　　信中还说，她好多次想放弃学业，因为成绩差，唯恐考不上大学辜负家人的期望，尤其对不起起早贪黑却赚不了几个钱的父母，对不起为了让她能顺利念完高中而自愿初中毕业就出来打工的弟弟……

　　我马上给她回了信："作为老师，我当然希望每个学生都如你所说的'品学兼优'，每个人都考上理想的大学。但这不现实，也不是我最大的愿望。让每个学生在学校受教育的过程中都学到知识，懂得做人，学会思考生活，这些才是我最大的愿望。我还希望学生们每天过得充实且愉快。……我以为你便是我心目中的好学生,因为你除了压力太大以致郁郁寡欢之外,符合上述的条件:你善于思考,敢于发表自己的见解;你有责任感,善解人意,体谅家庭的各种难处;你能尽己所能,刻苦学习,担负起自己的使命。你作为一名中学生,做到这些已经足够了。你有一颗受过良好教育的心灵。如果将来我的女儿能有你这样的表现,我一定非常满意。"

我还告诉她,生活的路有千万条,上大学只是其中之一。许多人没上过大学,依然在社会上走出了一条宽广的人生之路来。当然,现在是高三,面临高考,首先要抓住机遇为之一搏。只要注意复习、总结,相信成绩会有大幅度提高。此时,无端地失望是毫无道理的,放弃机会才是真正的失败。

信的最后,我安慰她:"家庭里每个成员都支持你学习,你是幸运的。要知道,社会上有多少像你这般年纪的女孩已在工厂打工。家里人相信你会尽力而为。你也不必背着沉重的精神包袱,过度的负担会阻碍人大踏步地前进。只要你付出,就会有好的收获,你的家人也将一如既往地支持你,相信你,理解你……"

高考很快地来临又过去。记得高考后的那个九月的某一天,我曾接到她从外地学校打来的电话,第一句话就是:"王老师,你身体还好吗?"她的声音有点儿打颤。那时正是晚上,我独自散步在微凉的风中,不知为什么,我想起给她信中的话:"如果将来我的女儿能有你这样的表现,我一定非常满意。"刹那间,一种温暖的感觉涌上胸膛。

当我向别人讲完这个女孩的故事时,不管别人是否问及她考上什么大学,我都会骄傲地补充一句:"她的名字叫某某,在泉州念一所很普通的大专。"

2008 年 9 月

不做鸿鹄，愿为燕雀

突然想起两年前的那天，那个女孩。她打电话说要来我家小坐。我很乐意。教她三年语文，她还是科代表。印象里，她的气质与一般女生不同，很恬静，稍稍黝黑的圆脸上常挂着浅浅的笑。她家境一般，父亲几年前去世了，母亲是普通职工。她中考时名次居全县前几名，按理说，上了高中的她应该学习非常刻苦才是，成绩也必定鹤立鸡群。可她始终悠着劲儿念书，每次考试总徘徊在班级的中等水平，好像故意要让谁失望似的。

记得我曾找她谈话，问她成绩怎么不见起色，也迂回地询问她个人或家里是否遇到了什么难题。我担心她父亲的去世会给她造成太深的阴影。她总温和地笑笑，不肯多说自己的事。但隐约间，我感觉她内心隐藏着什么秘密。我向班主任打听，班主任说没发现什么。就这样，三年的高中生活平静如水。高考时，她成绩中下，只考了个比较好的大专学校。

那天，她坐定后，我问她是否去念这个大专。她说："要啊，为什么不呢？"我为她的选择惋惜，顺便建议她复读一年。她说上专科也好啊。我纳闷，认为她怕吃苦，无可救药，但口头仍安慰道:"专科也好,以后再通过选拔上本科。"

她定定地打量我几秒,笑着问:"老师,一定要上本科才好吗?"

我无言。她说,她毕业后想回东山岛,小县城的生活安定、宁静,找份较稳定的工作,像她妈一样就好,也可以和她妈生活在一处。我感到吃惊,一个20岁的女孩,应和我的许多学生一样,雄心勃勃,斗志昂扬。比如,有的学生一接到高校通知书,立马宣布誓死不回小县城,认为这里英雄无用武之地,这里偏僻、闭塞,这里贫穷,工资低……而她,我眼前这位恬淡、聪慧的女生,竟有如此想法,只是未免消极。但渐渐地,我开始欣赏起她的与众不同。她平静如水的外表下,跳动着一颗与她的年龄不相符的平静的心。

今年,我又接手新一届的高中生。每到这个时候,会给每个学生发放调查表,其中一栏是:"你的理想是什么?"刚进入高中的绝大多数学生都纷纷立下宏伟的志向。

我一则欣喜,一则忧虑。志存高远固然令人欣慰,但这么多人都被教育得只有一种目标,哪怕目标崇高无限,不也让人担忧?当天空中只有"鸿鹄"类的巨鸟在翱翔,而没有"燕雀"等小鸟的身影时,那是什么样的天空?而且那些能力只能当燕雀的人,其极限飞行高度是200米,却从小被人们告知:你一定要飞1000米,否则,便是失败者。想想看,可怜的他要么因太尽力而折断翅膀,要么可能连200米也飞不起来,从此一辈子挣扎在自我挫败的阴影里。海明威说,人可以被毁灭,但不能被打败。而我们的教育,恰恰相反,许多学生中学毕业后,不是满怀对未来生活的期待与向往,而是带着一颗伤痕累累的心、低着头告别校门的。他们也往往不是充满着对学校和老师的感激，而是冷漠甚至仇视，因为他们在几年的学校生活中，大多处于被边缘化的地位，无人关注，无人懂，"热闹是别人的，我什么也没有"。

如此过度"英雄化"的教育，不能不说，是社会的悲哀，是教育的悲哀。

于是，面对眼前这一大沓描绘各种宏伟志向的调查表，我很想对学生们说："想当鸿鹄是好的，但做一只平凡的燕雀也无妨，重要的是找到自己栖息的地方，过一个有意义的、自适的人生。"

而那个曾告诉我她毕业后要回小县城、回母亲身边的女孩已上大专两年了，不知她是否还坚持着当年的想法。

2007 年 11 月

读诗，不是罪过

上完课，我刚出教室，学生宁就迎上前，拿着一本泰戈尔的诗集。这本中英文诗集，是我两天前送她的。还有一本送给了另一个学生。他们在开学以来的这三周，分别问了我一个汉字，我没答上来。回家查词典，原来并非什么太生僻的字。惭愧之余，我想到应该鼓励他们这种好问精神。于是，我把两年前某朋友送我的两本书转送给他们（朋友当时就希望我把书赠送给学生）。

我以为宁在阅读诗集过程中有疑问，不料，她所问与泰戈尔无关。

"王老师，我在读诗时，包括读中国古诗，头脑里常跳出好多问题。"

"很好啊，读书就贵在有疑。你可以把这些疑问记录下来，说不定，很有价值呢。"我鼓励道。愿意阅读并敢于质疑的学生，原本就凤毛麟角。

她似乎不满意我的敷衍，迟疑了一下，看看周围，学生们正陆续回家，又说："不过，读诗时，我总觉得自己有点儿不对劲,有点儿害怕,尤其当我读一些现代诗歌的时候。"

"为什么害怕?读诗不是一件快乐的事吗?我也每天读呢。"我有点吃惊,还觉得好笑。

"以前我们语文老师在课堂上说过,千万不要写诗,写诗的人,个个都很怪……"她惴惴地说,像被什么困住了,正在挣扎。

我大脑刷的一片空白,随即闪现出几位诗人"不幸"的下场。这都是我热爱的诗人。又想起两周前,初春刚至,我给学生朗读海子的短诗《春天》。

你迎面走来 / 冰消雪融 / 你迎面走来 / 大地微微战栗

大地微微战栗 / 曾经饱经忧患 / 在这个节日里 / 你为什么更加惆怅

野花是一夜喜筵的酒杯 / 野花是一夜喜筵的新娘 / 野花是我包容新娘 / 的彩色屋顶

白雪抱你远去 / 全凭风声默默流逝 / 春天啊 / 春天是我的品质

当时,我问学生喜欢诗中的哪句,多数人选择了"野花是一夜喜筵的酒杯 / 野花是一夜喜筵的新娘 / 野花是我包容新娘 / 的彩色屋顶"。有的学生还评价说,像童话一般美。我乐了,因为我也看中这几句。可是,现在我感到心虚。难道是我错了?不,我没错。这些年,我这样教语文,学生们不都好好的吗?一个个健康快活,也没影响他们的高考成绩。

我对宁说:"大概你们老师是开玩笑而已。有时老师也会说些笑话的,调节课堂气氛。比如,我今天就讲了几个笑话,你们不能当真。"

"不会的,我们老师说得好严肃,一本正经的,他还劝我们不要读诗……"宁的认真,让我无法不相信她老师的"认真"。

这样的老师和言论,校园里并不少见。这成人世界的游戏规则和价值标准,为什么要早早地灌输给求学中的学生呢?两千多年前的柏拉图就想把诗人驱赶出"理想国"。今天,我们除了老祖宗留下的唐诗宋词元曲等,新诗也差不多被逐出语文课本和课堂了,难道还必须从每个学生的记忆里抠尽最后的一点诗意?阿多尼斯说,诗歌终结的时代,不过是另一种死亡。失去了诗情荡漾的青春,和"另一种死亡"有什么区别呢?

我不能当场发作,温和地问道:"你自己觉得读诗歌快乐吗?"

"是的,我喜欢读。"

"那就继续读吧,只要你喜欢。何必在意别人怎么讲。再说,一个人不是喜欢诗,就能成为诗人的。你更不用担心了。"

"是啊,我就爱读诗。比如上学期,课本里有《雨巷》,我就特别喜欢诗中的意境。还有……"宁的脸舒展开,向我说起她钟爱的诗歌。

临别时,她告诉我,她正打算买本《百年孤独》来看。我提醒道:"这是现代小说,有阅读难度,是不是可以先看其他的书?""没关系,我本来就打算不止读一遍。""嗯,不一定要自己买书,我可以借给你看。""不用,我还不至于连买这本书的钱都没有。"她调皮地笑着说。

独自走在空荡荡的校园里,突然起风了。冷飕飕的西风,卷起地上的枯叶。"这个季节有点儿反常。"记起早上一位上了年纪的老师的感叹。但我热爱这样的风,像极了秋风的春风,浩荡,凉爽,在冷瑟中蕴着一层温暖的东西。

2011 年 3 月

"我没有给你丢脸"

那晚,林来我家。我放下手头的事情,和他泡茶聊天。

林没什么变化,还是几年前的黑瘦模样,一双有神的眼睛,一头毫无章法的黑发。林是我的第一届学生,1995年高中毕业。学生时代,他课堂上病恹恹的,一下课上蹿下跳——迟到和缺课是家常便饭。我曾见过他的父亲,父子一个模子刻出来的,只是父亲外表更黑更瘦,头发更乱,而且一支香烟总咬在嘴上烧个不停。他父亲是泥水匠,忙得很,身子也不大好,就指望两个儿子能有一个能"出头",免得全窝在村里一辈子捏锄头柄。但小儿子不中用,整天就晓得玩。这个大的,小学时书念得极好,现在看来,也没戏了,估计还是扛锄头的料。我那时刚毕业,愣头青一个,哪里体会得到为人父的这番绝望的寄托呢?自然也不懂安慰他什么,反而一味埋怨他,要求他加强配合。

这位父亲有无"配合",我不知道。但林一丁点儿变"好"的迹象都没有,他依旧迟到、缺课,上课时眼神空洞,眼睛总盯着书桌腿,好像那是些香喷喷的牛排。班级劳动时他依然十分积极，每次挽起裤腿，冲锋陷阵。后来，他好像还当上了劳动委员之类的班委。

毕业后两三年，他消失不见了。我不知为什么一直惦记着他，也问过他的同学关于他的近况。

那晚，他终于出现了，说他在水产加工厂上班。我问他弟弟学习如何。他生气地说，弟弟很聪明，但不好好念书，上到初二就自动退学，学修理摩托车。之后，他重重地自责起来，说自己没有做好榜样，害了弟弟。我安慰他："既然你也一直督促他，总算尽了哥哥的职责。当摩托车修理师傅很吃香的，手艺精，一辈子也不愁。"他惋惜道："主要是他太聪明了，不念书可惜啊。""你当年不也一样吗，林？"我说。他张大嘴巴笑起来，有点儿凄然。我发现原来他的头发不仅黑密，而且略微卷曲，同时想象瘦瘦的他在厂里搬运庞大的水产箱的情景。

另一次，他也是晚上过来的，进门就大声喊："有一件有趣的事要跟王老师讲。"见他满脸笑意，我故意问要娶亲了是吗，他说八字还没一撇呢。接着，他笑嘻嘻地讲起一件事。

春节期间，在村里，一大帮人围坐着看电视剧，正入迷，镜头里出现一个很重要的名字——"孙文"。有人纳闷了，问"孙文"是谁。大伙面面相觑，都不知道。他也瞬间头脑一片空白，沉默着。有人说："林，你是高中毕业生，一定懂得，你说说看。"他突然脱口而出："孙文就是孙中山嘛！"有人当即反驳："孙中山我们都知道，他怎么会叫孙文呢？肯定不对。"大家纷纷附和。随着情节的推进，那个叫孙文的人出现了，果然就是孙中山。大家不由地一起鼓掌："高中生毕竟是高中生！"

"王老师，我当时完全凭灵感，答后马上后悔自己的冒失，万一说错，还不丢人现眼？后来证明我的话没错，你不知道我有多高兴。我当时就一个想法：王老师，我没有给你丢脸！事后，我慢慢回忆起你上课时告诉我们的'孙中山'也叫'孙文'，我们还学过一篇他的什么古文。当时你好像还说中国哪个外交官不知道'毛润之'就是'毛泽东'，闹了大笑话。"说完，他喝了几口茶就要走，说还和朋友约着吃饭，马上得走，"只是太高兴了，忍不住特地来告诉你这件事"。

难为他这么多年还记得这些，难为他专程来告诉我这件事。"王老师，我没有给你丢脸！"这句话在我脑子里盘旋了好一段时间，它比某个学生告诉我他当上科长或考上博士还动听。后来，我每带一届学生，都会讲这个故事给他们听。我似乎想向年轻的学生传递一个信息：知识不仅有用，而且有其他价值，比如尊严。而每当念叨起这句话，我也免不了自我省视：我该如何当老师，才不会给自己丢脸，也不给那些当过我学生的人丢脸？

又过了两三年，中间他来过几次电话。我知道他后来去海边替人看管鲍鱼场。一次通话中，我以老师的口气劝他别老是喝酒，得攒点儿钱，娶媳妇。其实，当时我既年轻又迷茫，也不时躲入酒杯中浮浮沉沉，教训起他来丝毫没底气。

直至2004年底，一天上午，我正上课，他突然出现在门口，依旧傻笑着，一声不吭。"怎么这时来找我，我正上课呢。"我既高兴又有点儿埋怨。"王老师，没事。我好几次找你，你都不在家，我以为你真的调到厦门去了。后来，听邻居说，是你搬家了。"我赶紧告诉他我的新家地址。"有空我会过去。老板现在看得更紧。我手机丢了，你的号码也没了，我上午刚好有空，就过来问问你的手机号码。"我说："你去办公室等我，我下课就过去。"他说："不用，见个面，知道你号码就行，我中午要赶回海边去。"

从此，再无林的音信。他的手机号码，也让我在两三次丢失手机中遗失了。四五年过去了，我的学生林，大概还在海边的某鲍鱼场帮老板打工吧，不知他现在娶媳妇了没有。

前几天，我和新一届学生唠叨起这个林和他的"孙文故事"后，有感而发道："同学们，你们知道吗，当时整个年段就170多个学生，如果放到今天，即使林是年段倒数第一名，也有机会上大学。"说着，我心里填满了对命运的困惑。

2009 年 3 月

补习生阿常

10多年来,每次我接到学生阿常的来电,一张悲戚、茫然而无辜的脸,就浮现在我的脑海中。

在我第一次担任高三班主任的1995年,阿常随同十几个补习生涌入班级。这是文科唯一的慢班。补习生情况各异,颇让年轻无经验的我手足无措。

阿常总坐在教室一隅,沉默寡言,发奋用功。他的成绩排在班级前列,我估计他有能力上大专。那时的大中专毕业生,国家还包分配。

那年春节,好像除夕前后,我已回农村老家过年,一天,忽然门口有人喊"王老师"。一看是他,我吃惊不小。他架好自行车,拎一袋东西进屋。我父母似乎比我更惊讶,因为从没学生来过老家。听说他从另一个镇赶过来,两位老人家都很感动,不停地问这问那。他讷讷地回答,没说几句话就匆匆告别。我打开袋子,以为只是柑橘,不料还有两包金芒果牌的香烟,是当时比较高档的香烟,一包值七八元。

高考成绩公布的那天下午,一群群学生涌至我家打听分数,不足 20 平方米的宿舍里挤满了人,然后带着或喜或悲的表情一一离去。这时我才发觉,一个学生始终坐在沙发上,脸色苍青,眼神迷茫,一言不发,只不停地唉声叹气。他就是阿常。从学校拿到成绩单时,我已听说他的情况:六个学科,五科考得还正常,可数学却是 0 分——据说,他的数学卷子让前排一位老乡偷抄了,高考评卷时被发现,两人均处以 0 分。

"我提醒他一定不要抄,可他竟然还是抄了……"他第 N 遍重复这几句话。我想起祥林嫂。

"真是害人啊!"妻子也时时叹气,抱怨。我坐在他身边,听他唠叨、叹气,内心淤满悲哀和无奈,却不知该安慰他什么。逼仄的房间渐渐暗下来。

"阿常,你留这里吃晚饭吧。"妻子准备做饭了,这样问他。我也极力挽留。他似乎如梦方醒,站起来就往外走。

我们目送他消失在屋前的木麻黄树下,消失在平房拐角处的暮色里。

"如果他能哭出来就好了。他应该不会有事吧。"妻子说。——妻子,和我教同一个班级,我是班主任,她是英语老师。

大概两年后,阿常突然来电话,让我替他找些政治复习材料,他要参加成人高考。我将信将疑地找来材料,等候他来领取。见了面,他告诉我这两年的经历:高考落榜后他到某乡镇派出所当了警察(临时工),一段时间后,实在看不惯(他屡屡使用这个词)一些人的行径,决定离开那里,但唯一的渠道就是参加成人高考,幸好公安系统内部终于有了这机遇。我起初以为在镇里当临时工,不愁没饭吃,若干年后慢慢找机会总可以转正的。再说,警察这份工作很令人羡慕,一般人求之不得呢。及至听他讲起那些见闻,才体会到他内心深处强烈的冲突与不适。于是转而极力鼓励他参加高考。

几个月后,他来电话报喜,说被某重点大学的大专班录取了。我觉得这简直是奇迹。虽然国家规定,从当年起,大学生一律自行择业。

一年后,他陆续给我寄他发表的论文,说是"请我指导",因为内容涉及法律专业,我读不懂,遑论指导。但看文章都登载在有影响的刊物上,我深为他高兴,对他进行了一番鼓励。

毕业后,他以专科生身份,在面试中胜过了几名硕士生,成功进入某大公司。随后,又几次跳槽。四年前,他受聘于外省一家赫赫有名的国企,去那里当副总。

有一年春节,他来我家,我留他吃晚饭。"王老师,我身上这件衬衫,就值千元。"他指着身上笔挺的粉红色衬衫对我说。我愕然:他怎么竟向我炫耀起衬衫来?那时我的月工资只能买一件半而已。"没办法,公司有规定,外出必须这样穿。"他似乎觉察出我的困惑,连忙解释道。

"王老师,你放心,我是学法律的,做事有分寸。"他说,接着具体讲述他在几家企业的就业经历。

"王老师,我从你身上学到了一个道理——要做一个正直的人。"多次接触中,他不止一次这样感谢我。

我相信他的为人处世。不过,他把他的优点归功于受我影响,我则受之有愧。他在我班上学习一年,我没关照过他什么;他高考受挫后,我也只会陪他苦恼陪他迷茫而已;他毕业后,我不过借一些政治复习材料给他;他文章寄我"指导",我也只浏览一遍,胡乱表扬几句;平时他一次次打电话来,倾诉工作中的喜怒、困惑,我也往往充当听众罢了。——这样的老师,从我本人看来，充其量算作"合格"。这和教他做个正直的人有何相干？一个人，是否正直，是否能守住自我，包括是否永葆积极奋进的锐气，大多源于天赋，或者受其家庭、生活环境的影响。学校某一老师的教育，作用十分有限。何况作为他的老师，我如此平庸。

　　近年，我常向每一届高中生提起阿常，以他为励志的榜样。通过阿常的成长经历，我最想要传递给年轻学子们的是：人要靠自己拯救自己。不知学生们领会了多少。不过，我在一次次讲述阿常故事的过程中，已不自觉受到了他的教育。

2012 年 12 月

"怪才"不怪

"春哥,最近好吗?那天我们文化课老师提到木棉花,我就想到你了;她介绍《古文观止》,又想到你了。上星期我们跟美术老师去火车站通宵写生,在火车站有很多等车的人……"

教师节前夕,学生 H 给我发来短信。H 是艺术考生,半年前去厦门参加美术培训。他曾在 QQ 里向我表达了自己的宏大志向:考取中央美术学院。

两年前,刚接手这个班级,我就发现课堂上两个男生总爱讲话,要不就一起趴着睡。一些科任老师愤愤然反映"这两个学生太顽劣,不遵守纪律"等。个别老师还和他们发生点儿冲突。我向来宽容,认为学生上课讲话或睡觉,总是有道理的:或者因为我的课上得不好,或者学生基础太差、缺乏学习动力,或者因为其他因素。总之,只要他们不过分影响课堂,我会善意地提醒他们,但绝不会严格管束。——学生时代的我一直是"差生",能理解"差生"的心。

一天,女儿(现在和 H 同班)说,H 的动漫画得可好了,据说常领到稿费,在校外颇有些知名度。我惊讶不已。随后观察H的外表，果然飞动着几分灵气。

可这灵气并未给他的语文带来好成绩。上课偶尔拿些简单问题提问他，每每谬以千里。我知道，他心不在焉。

H还逃课。有一次，为鼓励他，我终于找到机会，请他上讲台画个图。全班哄笑，原来他没来。事后他跟我解释说，那天他有事。我笑笑说，没关系，然后询问他动漫的事，鼓励他坚持下去。

"老师，如果你不嫌弃，我想送你一张画。"某天，他对我说。

我当然高兴。回家后告诉女儿，女儿惊叫："你好幸运哦，我们多少人想得到他的画都没机会呢。"

我开始在网上书店物色书。我想送他一本和动漫有关的"大书"，最终选定厚重的《世界动画电影大师》。女儿一翻书，说："太难，怕H读不懂。"我说："我送书，不是让他今天读懂，而是要激励他，别满足于一点儿成绩，而是要走向更远的地方。"我在扉页上写了两行励志的话。

两周后，他把卷好的画交给我，还抱歉道："春哥，我画了很长时间，就怕画不好……"

我打开画，画中三个人，后面的人双手亲密搭在前两个人的肩上。画的下方写了一句话："给我们的春哥。"他解释说，前面两人是鑫（本班同学）和他自己，后面戴眼镜的是王老师。我细看，三人的神情颇神似，只是画中的自己太年轻了。

我把画挂在书房的显著位置，每天看到，心头便升起一股朝气。

日子一天天过去。渐渐地，他较少趴在桌上，也不和同桌窃窃私语。几次学科考试，成绩时好时坏，有时作文竟没完篇。

但交上的周记，往往内容丰富，文采颇佳。他的同桌也跟着发生了变化。

我问班主任："近来H表现如何？"班主任说："这小子聪明得很，可惜在家里一直和父母'干仗'，关系十分紧张。"

我问了女儿同样的问题。女儿说：好像好一些，但前几天H又惹某老师生气了，原因是他上课趴着睡着了，某老师看不惯，对他发脾气。我叹一口气，不是为H，而是为某老师。心想，何必呢？

我是个对学生很宽容（说"纵容"也无妨）的人。我自有我的说法。学生来学校，当然要接受"管"，这我不反对，尤其在小学和初中阶段。问题是，我们的教育管得太多，管得太死。学生一进学校，仿佛失去自由身：统一的课程、统一的教材、统一的作业、统一的考试、统一的答案，甚至统一的纪律、服装、发型等。学生只有极少的自由发展空间。人的千差万别，包括兴趣、爱好、特长、个性等，在这里是被忽视的。教育没给学生留下选择的余地，就像餐桌上仅有几样菜，不吃不行，不吃意味着自动被淘汰。然而很少人愿意反省，我们的教育是否出了问题，以及该如何改进，让更多的孩子不因教育而受苦，进而获得天赋自由，哪怕多一点点快乐。

由于长期的环境熏染，一些老师也满脑子的"改造欲"，遇到稍出格的学生，总是情不自禁进行施压，必使其一一驯服而后快。他们忘了教室不同于工厂生产车间，忘了自己少年时代是如何颠簸过来的，更忘了世界的丰富多彩乃是因为存在着各色各样的人、飞禽走兽、奇花异木……

当女儿说某老师因为H课堂上睡觉而耿耿于怀时，我的内心杂味横生，有敬佩，有遗憾，有同情。我敬佩该老师的敬业，但也同情他的执着（同时同情受批评的 H）。更为遗憾的是，如此执着往往达不到应有的效果，反而可能加深学生的抵触情绪。

回想自己与 H 的交往，貌似亲密，也说得上成功，实际上我没有多少作为。我和 H 的师生交往平平常常，平常到根本无故事可谈。此外，他似乎也称不上所谓"怪才"。在我眼里，他只是个比较有个性的孩子。对待这样的孩子，不需要教师有多大的智慧，也许，宽容一点、激励一下就是最好的教育。他们的天赋自会引导他们健康地走下去。

写此文章时，我翻查手机，发现他临去厦门参加高考前专业培训时发来的一条短信：

> 春哥，明天早上我就不去上课了，我得准备行李，14号早上就要出发了。在这里跟你说些话吧。第一次跟老师交换手机，发短信，一起跑步，送老师画，收老师的书，我想这是我这辈子遇到的第一个这样的老师。这些年曾经被你激励过，虽然有时会有放弃的念头，甚至是表现出来了，不过我会继续以自己的方式努力下去，失败也好，不会让自己后悔，因为我还有未实现的梦想。半年的培训会让自己变得更强，无论是实力还是心理，都会强到你认不出来。还有，无论课堂发生什么事，春哥只要按自己认为美的方式继续走下去，我想着都不会错的。我能认识春哥，能跟春哥这样交流是很幸福的，不过还要对有时上课会睡着道个歉……

可惜，他接着提及的有些事我遗忘了。但记得后面几句话，是 H 在"教育"我。那时我怀疑自己的教学方法，一度在学生面前表露出迷茫和无奈。这短信,当时给了我自信。我想,能如此理解并"教育"老师的学生,大概将来人生之路,总不会有大错。

2012 年 10 月

那些"差生"

七八年前的一天晚上,我和同事在街边吃夜宵。两个小伙子走过来,坐在我们旁边。突然,其中一个喊"王段长",我扭头,朦胧的灯光下,辨认出一张似曾相识的脸,"阿翔!"几秒钟的惊讶后,我脱口而出。

"哈哈,段长,您还记得我啊!"阿翔说。似乎他比我更惊讶。

"你,阿翔,我当然记得的。"

阿翔告诉我,他现在在外地读大专。我笑着问:"现在表现得有没有乖些?""乖了,哪还像高中生一样。"他的声音变低了,仿佛有些羞愧,完全不见高中时的那种无所谓的表情。过了一会儿,阿翔站起来,说:"段长,我替您买单吧。"我说:"你还是学生,我来付钱吧,将来赚大钱了,你再请我。"

同事问我这个阿翔是哪一届学生,这么乖巧懂事。夜色中,我们散着步,我向他谈起阿翔的旧事。

阿翔是高中2004届的学生。我是这一届的年段长,不过没教过他,准确地说,是他没资格当我的学生——他的"身份"属于扩招生（高中自费生），按校方的"土政策"，扩招生只能在慢班学习。这个阿翔不仅学习差，行为规范更差，是标准的"双差生"。

打架是他的拿手好戏。高一入学不久，阿翔就和同学打过一场，被年段警告一次。之后，他倒是安分了几个月。

高二上学期，学生打架事件一时暴增。虽然只是小打小闹，但对整个年段的学风影响颇坏。其中的一起打架事件，阿翔是积极参与的。作为段长，我只好在年段内部公开点名批评了他。

"阿翔，这已经是你第二次打架了，如再发生，恐怕要被学校勒令退学了。"我记得曾经在教室外的走廊，当面警告过他。那时，他留着凌乱的长发，一副玩世不恭的模样。不过，他态度很好，表示一定悔改。

可是，阿翔实在记性太差，不久老毛病复发，再次被带到学校保卫科。这次，他一再申辩很冤枉，说他没有直接参与打群架，更非什么"主谋"，只是被动拉入而已。但是，鉴于他之前的表现，我是不信这些辩词的。在集体研究处分时，我的意见是干脆勒令阿翔退学，因为屡教不改，留着将带坏年段一批学生。而学校某个领导持有不同意见。他认为，虽然阿翔多次打架，但情节都不严重，对于未成年的学生，学校还是以教育、感化为主，毕竟勒令退学非同儿戏，会影响一个人的一生。当时我听了，在理智上还是认可了领导的想法。阿翔终于逃过了被勒令退学的命运。

高三这一年，阿翔倒不再惹事，安安静静地毕了业。直到两年后的这个夜晚，我第一次见到他。他的头发仍长长地披散着。但我没想到，他还愿意认我这个段长，这个屡次通报过他、恶狠狠地警告过他,并且差点儿将他轰出校门的段长。此后几年,我没有再遇到阿翔。

2012年,我亲戚的孩子结婚,在一家酒店办婚宴,我提早到酒店大厅协助迎宾。正忙碌着,一个年轻人跑到我跟前向我打招呼。我想不起眼前这位身着白衬衫、黑西裤,生气勃勃的青年是谁。"我是阿翔啊,段长。"我诧异着,瞬间无法把记忆中那个披头散发的阿翔和眼前这位留着寸头的小伙子联系起来。

阿翔告诉我他在这家酒店上班,是前台的负责人。他面带微笑,声调柔和,彬彬有礼,甚至可以说温文尔雅。他完全变成了另一个人。又过了一年,我带一位客人来这家酒店住宿。那天,我在大厅里等客人,阿翔出现了,请我到他隔壁的办公室喝茶,我们随意地聊着。我问他是如何看待高中时代的自己的。"那时年纪小,非常不懂事,让老师们很操心,特别是班主任。后来读了大学,就不能不收敛了,再后来,进了社会,更不一样了,凡事要按规矩来。这些年我也吃了许多苦……"

离开酒店后,想起阿翔的话,我不禁想:原来,每个学生都是不一样的,有自己的成长路径、自己的人生道路。最重要的是,他能自食其力,不做坏事。而作为教师,我能做的,就是帮他认识到这点。相形之下,分数是次要的。然而,我年轻时,总是太功利,常常用所谓的"好学生"和"差生"去甄别学生,谬矣。

近年来,随着高校的扩张,学校之间的竞争已不是考多少个本科或一本学生,而是几个上名校。如果一所普通中学有一两个学生考上北大、清华,便名声大噪,甚至可以"一白遮百丑"。在这种语境下,有些年轻教师也跟着鼓噪,扬言道:"多管其他学生干吗,反正只要有人上北大、清华就可以了。"有时,我会忍不住对年轻老师说:"教书就为了那个考北大、清华的学生?如果这样,我们教师不是更掉价了?"假如年轻教师有耐心,我还会讲一段故事给他们听。

我读大学期间,有一天,同班同学刘旭的母亲去学校看他。这位母亲是高中语文老师。那天,她和我们这些未来的语文老师谈了很多道理,其中给我印象最深的是这些话:"教书几十年,自己有一个教训,千万不要轻视那些不会念书的孩子。为什么?好学生往往不会感恩教师,因为他们觉得,成绩是靠自己勤奋所得,与老师关系不大。再说,他读书好,老师善待他是天经地义的。而那些所谓的'差生'却不一样。他们在学校里常被老师'修理',长大后往往更懂得珍惜老师的这份情意。而且,好学生将来都考出去了,远走高飞,能留在本地的,三天两头和你碰面的,却是这些'差生'。"

这位母亲还说:"我每天上下班,走在大街小巷,和我打招呼的是当年那批念书最差的学生,他们有的在市场上卖菜卖肉,有的开食杂店,有的修理自行车。有一回大清早,我赶着去学校,一个卖油条的人突然追着我喊'老师,老师',抱着一捆油条向我跑来,他硬要我尝尝他的手艺,原来他是我10多年前的学生……有时候,我想,也许有一天,当你在街边不小心摔倒了,上前扶起你的,也是那些'差生'……"

跟年轻教师讲完这个故事,我有时还会总结说:这位母亲的话,25年前我听了,感到匪夷所思。如今,我的孩子也上了大学,我终于彻底地理解了。虽然我不赞同这位老教师的"报恩"观点,也不希望一路有学生打招呼,不希望学生送我油条,更不敢奢望摔倒时学生扶起我,但是我必须学着如何正确地对待眼前的学生,无论他是"好学生",还是"差生",无论他可能上北大、清华,还是毕业后去卖油条……

多数情况下,我的这些唠叨,年轻老师是听不进去的,就像年轻时的我一样。

2013 年 4 月

逆时针奔跑的孩子

整理书桌时，又见到那几个五颜六色的信封。我一一抽出信纸，当打开第五封时，里面滑出三张钞票，共35元。这些信，是大小一样的活页纸装订起来的，厚厚一叠。它们是一年来高一学生小惠写来的。每次，她都把信悄悄塞到我的抽屉里。我不晓得她是如何趁我不在，遁入拥挤的教师办公室的。

小惠是我高中同学的女儿。这事是在开学两个月后才知道的。那天，我在抽屉里意外发现一封落款"忆雪雁影"的信。信中说，她听了我半学期的课，感触万千，从"期待—焦虑—不屑"，到最后"豪情万丈，每天都期待着语文课"。她还问我一个奇怪的问题：老师高中时是不是读文科（4）班？农村的老家附近是不是有好多棵大榕树？如果是，老师和我爸爸就是高中同学了。

从笔迹、语气、落款上很容易看出，写信的是个女生。但她会是我哪位高中同学的女儿呢？我努力搜索高中时代那些曾经到过我家的同学，一个个排除，最终锁定一位姓孙的同学，他是我的后桌。虽然毕业20多年未再见面，一旦想起，他的面容就异常清晰地浮现在记忆里。没错,一定是他!而现在班上有位听课格外专注、大眼睛的女生小惠,外貌跟老同学相似,而且也姓孙。

第二天下课,我走出教室,小惠已站在走廊边等我。我说:"你爸爸是孙某某。""你怎么猜得出的?"她快乐地喊出来。"你和你爸长得像嘛,而且也姓孙。"我答道。

回中学母校教书 20 多年,教过小学或初高中同学的子女不少于一二十个。这不奇怪,小小县城,几万人口,而且高中仅有一所。但是,小惠无疑是最特别的一个。别的孩子,大概我是他父母的同学之故,对我总敬而远之。小惠却一点也不生分。这个来自农村的孩子,把我当成亲人一般。

后来,下课或周六下午补课放学,我多次和她聊天。有时,一些不好当面说或来不及问的问题,她还写成信塞进我的抽屉。不过,她似乎也不是很期待我的回复。这些信,纯粹出于一个女孩的独白,我也只是听,等到下一次当面聊天,我选择一两个问题简单答复。我深信,倾听比解答更重要,何况有些问题,我也没有答案。

比如,她有个小学同窗,曾经是品学兼优的学生,上初中后,完全变了,有一阶段"很不安分,甚至破罐破摔"。初三时,这个小学同窗向暗恋许久的某女生告白,被拒绝了。上高中后,那个女生反过来要跟他好,他却犹豫了,一直纠结苦恼着,不知该怎么办。同窗向小惠求教。小惠认为上高中了,就该好好珍惜高中三年,不要浪费青春。可是同窗并没有听劝,还是和那位女生"好"上了。小惠问我,该如何去帮助同窗?

比如,她有另一个童年小伙伴,母亲嫁过两次,又都离婚了,小伙伴从小和爷爷奶奶相依为命。小伙伴小学时成绩非常优秀,还常为小惠补课。也是上了初中后,小伙伴开始变了,染发、化妆、穿耳洞……现在自费上高中,却依然如故地混日子。小惠问我,她该如何帮助小伙伴?

还有……

面对这些问题,作为教师,我也拿不出什么妙方。我忘了当时是如何回答她的。总之,此时回想起来,只觉得惭愧。小惠如此信任我,大概以为我一定懂很多吧。

一段时间后,我知道小惠家里还有个念小学的弟弟,不大肯用功读书。而她的爸爸——我的高中老同学高中毕业后去做泥水匠,由于各种因素,好多年日子都过得颇为艰辛,但现在好了,还盖了三层洋房。有一次,小惠还在信中绘声绘色地描述他们一家子是如何发现语文老师是她爸爸的高中同学的,过程十分有趣又温馨。

今年春节过后,我终于见到小惠的爸爸。老同学没有大变化,就是以前浓密的头发不见了,露出半个光光的头。他感谢我对女儿的关照,说自己做泥水活,一年到头总是忙碌,啥也不懂,女儿读书只能靠她自己"认路"和打拼。他又谈及从前的一些同学,有的当了一官半职后,就视同陌路。因此,他后来就几乎和所有同学都断了联系,几年前的同学会也干脆不参加。老同学的处境和心境我能体会。他这种倔强,在小惠的身上,也隐隐约约存在着。

小惠曾在信里写了他们一家人在基本确认了我的"身份"后,一次有意思的对话:

> 妈妈情绪似乎有些激动,问我:"你语文老师是你爸爸同学?""对!""他有没有问你爸爸从事什么工作?""有,

我说爸爸是个泥水匠。""泥水匠?""嗯!""你这孩子怎么这么傻,长这么大了还和小时候一样,说话没分寸。""我说的是实话,我不喜欢拐弯抹角的,泥水匠又不是什么见不得人的职业。""这我也知道,可你好歹说是开机车或开拖拉机也行啊,泥水匠是最辛苦的活儿!"在一旁的父亲依旧寡言少语,默默看着电视。"我并不在乎家世背景,同样也不会因父母是基层劳动者而抬不起头来。况且王老师也不是那种趋炎附势的人,他看重的,不是家世背景。""就是,我们靠的是自己,无须借助'关系'!"父亲终于发话了,母亲也不再说我傻了。母亲只上到二年级就退学了,是典型的农村劳动妇女,从早到晚,一天只休息七八个小时,其余时间都在忙碌着。她一生只有两个愿望:一是培养我和弟弟成才,离开祖辈世代摸爬滚打的黄泥,走出农村;二是一家人可以同住在漂亮的三层小洋房里。她淳朴勤劳,日夜劳作就希望能给我和弟弟创造一个好的学习环境。

读着这样的信,我的心里是苦涩,是欣慰。在我的印象中,能如此深切理解和体谅父母的学生,太少了。

又一回,小惠的信里写道,从小到大,她一直在各种恐吓中长大:孩提时,妈妈哼的不是甜美的摇篮曲,而是"不许哭!赶紧睡!大灰狼来了!"小学时,老师吓唬说:"再这样,我打电话告诉你家长!"初中时,老师警告她:"不好好读书,就考不上高中,更别说进特快班了!"高中时,老师的口头禅是:"这三年不血拼,一辈子就完了!"将来工作时,老板可能说:"不好好工作就炒你鱿鱼!"到了年老时,没人吓唬了,可自己会吓唬自己。小惠说:"每个人人生的轨迹大抵相同:读书—工作—结婚—生子—老死。但无一环节不处在别人的恐吓中。"难道人生都一定是这样的吗?她似乎很迷茫,也很不甘。不久,她看到操场上所有的人一律顺时针朝一个方向跑,她终于想到:"也许所有人的人生轨迹都相同和周而复始吧……我以后要逆时针跑,跑出不一样的人生。"

  小惠理想中的人生是什么?她曾亲口告诉我,她从小就有一个梦想:唱潮剧,当潮剧演员——小时候她还梦见自己在舞台上唱戏呢。每年闽南农村的"解平安"节,村里都会请戏班子来唱戏。如果放假,她铁定要看完戏,无论演到多晚。有一次,她还因为看戏,被冻得得了急性鼻炎。所以,经常有人嘲笑她像老太婆(因为如今的中年人和年轻人都不喜欢看潮剧了)。我听了她的话,当时就笑倒了,真没想到,现在的年轻人中居然还有这种铁杆的潮剧迷。我说:"很好啊!潮剧是咱闽南的一种古老的艺术,我支持你。甭管别人怎么说。哪怕你将来成不了潮剧演员,也照样可以去喜欢它,甚至去研究它……"她受了鼓励,显出自信的样子,还向我推荐了几首潮州曲子,什么《小桥流水》《雨滴》等,最后不忘强调说:"这些曲子很好听的,老师您一定要听听。"我说:"我会听的,我父亲也是个潮州音乐迷……"

  转眼已是下学期。一天,她课后问我,在哪里能买到我写的书。我很诧异,问她从哪儿知道我写了书。她说在学校图书馆看到的。我说:别买,我送你一本吧。

  第二天,我把新书交到她手中。过了几天,她给我送来一封信,信封里就夹着三张钞票,共35元。我第一时间感到纳闷,这小惠也太较真了。随后我打开信:

王老师：

　　无功不受禄。无故收您一本书，心中着实不安，才出此下策，望请"笑纳"。小方姐（我的女儿——作者注）在上海上大学……您多少总有些负担的。因此，您就收下吧，不要增加这些无谓的负担了，否则，我会觉得有愧于您的。

　　这本书点燃了我儿时的两个梦想，其中一个已经被扼杀得灰飞烟灭了，另一个也几近消散。但您的文字又唤醒了我多年来深藏于墙角、不敢示人的梦想。只因它们与"当代青春"格格不入，深受他人的嘲笑、讽刺，我不知道是否能继续坚守自己内心的最后一道防线。可能在这时谈理想太早了，当前最主要的任务是学习，倘若连学习都无法做到，又何来资格谈这份"美好"的理想？……

我释然了。我把钞票和信塞进信封里，夹进书本，带回家。

2013 年 7 月

让学生昂首挺胸

那天,有幸聆听一位七年级老师的作文讲评课。年轻老师把课上得扎实又活泼,师生互动热烈,学生的作文兴趣被调动起来。课的最后环节,教师展示了一篇同题佳作,让学生欣赏,然后点评。这篇题为《那一次,我真快乐》的作文,从写作要求看,没什么可挑剔的,一些细节描写还称得上精彩。

该篇作文描述的是这样一堂英语公开课:老师让同学们用单词"love"造句,小作者"我"脱口而出"I love you"。本来,这样的造句也未尝不可。然而,"我"突然发觉自己的唐突,因为当天是公开课,有学校领导来听课,为了这堂课,"同学们都憋足了劲要好好配合老师讲课","我"却如此冒失。老师听了"我"冷不丁的回答后,"显然看到领导们严厉的表情","脸一下子红了"。同学们也悄悄议论:老师的"眼睛瞪得好大,而且都是怒火"。"我"越发不安了,尤其当想到来听课的"那些老领导似乎最受不了的就是这个"。于是,"我也为自己无心犯下的'错'一阵懊恼。……我的心在突突地跳,不知所措地用祈求原谅的目光看着老师"……

正当"我"陷入自责和后悔中,"只见老师沉默了一会儿,然后用肯定的眼神看了看满脸期待的校领导",开始一番简洁而巧妙的引导,终于化解了刚才那句"I love you"带来的尴尬气氛。

作文最后写道:"在场的每一个人都松了一口气,我那一颗七上八下紧悬着的心总算可以放下来了。我再回头看看那些领导,嘿,他们也一个个放下了严厉的表情,换成了微笑的默许。……那一次,'闯了祸'的我感到了从未有过的快乐!"

这篇作文是从报刊上复印下来的,毫无疑问,不管报刊编辑,还是我这位尊敬的同行,都把它视为范文。可我读后,心头像堵着什么异物。

走出教室,我问同来听课的几位同事是否发现这篇佳作存在什么问题。大家疑惑地看着我,都未发现有什么"不对劲"。

我提示说,你数一数这篇 500 字的短文里,几处写"我"或老师用眼睛观察听课的领导,几处写学生用眼睛看着老师。同事们恍然大悟似的笑了。

我心里清楚,对这样一篇七年级学生无心而为的习作,本不该另有苛求。但有时,恰恰相反,正因为小作者写作文时的无心,真情的流露才毫无掩饰,这篇短文才成为值得进一步"品味"的范本。文中多处出现"看领导""看老师"的这些局部点染,颇耐人寻味。在这堂英语公开课上,善良无邪的小作者一直用眼睛观察着,揣摩听课领导和上课老师的好恶,老师也在不停揣摩听课领导的心意。很显然,学生想让领导满意,从而让老师的课获得好评。至于老师这方面的用意就更清楚了。透过小作者生动的文字,我感受到课堂上师生的焦虑与紧张。

作为教师,公开课是展示自己教育教学的重要平台,每名上课者都不会掉以轻心,会使出浑身解数来赢得听课者的赞许,尤其当有学校的领导亲临现场之际。老师的想法和做法无可厚非,换了谁,大概都如此。然而,在这篇作文里,在这个七年级的孩子身上,却极不协调地折射出某种成人化的元素,就不能不令人深思和担忧了。

钱理群先生在去年的一次演讲中曾尖锐地说:我们的教育,培养了一批一批"精致的利己主义者",他们高智商,同时更善于察言观色,见风使舵,从中讨好对方,捞取个人好处。

钱先生所针砭的现象,其实由来已久,原因错综复杂。当下不少家庭,为了孩子今后能在社会上"混得开",从小就给孩子渗透做一个"精致的利己主义者"的价值观,传统伦理道德中的仁、义、礼、智、信等,被视为不适应时代潮流的陈词滥调,逐渐被抛弃。而长期以来,学校办学缺乏基本的独立性也窒碍着教育的健康发展。一些行政部门常分派给学校各种奇怪的、与教育教学无关的任务,干扰了学校的正常运行。当各种评比和检查到来时,学校更是小心翼翼,尽力让对方满意。

记得在一次座谈会上,某著名特级教师被邀请去介绍教学经验。这位特级教师并未夸夸其谈自己的经验,而是语重心长地告诉大家,自己教书30多年,现在快退休了,可是直到不久前,才明白什么是真正的教育。教育不是教给学生多少知识、多少解题能力,也不是培养多少学生上北大、清华,而是关注每个学生在课堂上的细节,比如回答老师问题时,要昂首挺胸,目视前方,声音洪亮,亮出自己的真实想法,不管它正确与否,也不管在什么场合。教育的根本就是教给学生这样一些最基本的东西。"教育啊,原来就这么简单。"这位特级教师最后强调。

特级教师坦诚的反思,已经超出了一般意义上的教育经验和智慧。

前些天，翻阅郑也夫先生的新书《吾国教育病理》，见到一个真实故事。

1952年，哥伦比亚大学邀请本校物理学家、1944年度诺贝尔物理学奖获得者拉比教授作演讲，时任该校校长的艾森豪威尔将军（二战时的盟军司令、后来的美国总统）客气地说："在众多雇员里，您能够获得如此重大的奖项，学校深以为荣。"拉比教授当即不亢不卑地回敬："尊敬的校长，我是这个学校的教授，您才是学校的雇员。我们就是哥伦比亚大学。"

读罢故事，我在敬仰之余，回想起几天前听课时接触到的这篇学生作文，不由感慨系之，这感慨不仅仅针对学生。

2013年10月

第三辑

学校不是名利场

学校不是名利场

出差回来,在办公室抽屉里发现学生的来信。

老师们,你们可知道,学校一直是我们心中神圣、圣洁、育人、教人的"好"地方。可今天看来,我们真的很失望啊!在今天之前,准确地说是当我们知道我们(9)至(16)班学生不能参加"文艺联欢会"之前,我们还觉得××一中是一所公平的好学校,可今天看来,我们好像错了……

看完信,我好一会儿才缓过神,继而迷惑不解:因为会场空间限制,年段学生无法全员参加活动,后来不是干脆采取抽签的方式决定哪些班级参加吗?这是相对公平的方式。怎么又变卦,变成只许快班学生参加呢?我赶紧问段长。原来,晚会的前一天,为确保会场秩序"稳定",学校领导要求年段只挑选快班的学生。

一个世纪前,罗素先生针对当时日本和美国学校的办学思想,曾警告过:应当把学生当作教育的目的,而不是当作实现某种目的的工具。他还为我们留下名言:"教师应当热爱学生胜过热爱国家和教会,否则,他就不是个好教师。"一百年后的今天,罗素先生的话让人听了,依旧低回沉思。

学校的本质是什么?连我的高一年段慢班的学生都懂得,学校是"神圣、圣洁、育人、教人的'好'地方"。学校除了教给学生将来生存的基本知识、基本技能之外,它还要引领学生趋善向上,追求人性的完整,拥有一种充实、幸福的人生。为承担起这个使命,学校自身理所当然首先应该是个"神圣、圣洁"的场所,校园里应洋溢着精神自由、人格平等、尊严备受呵护的人文气息,尤其要远离世俗的低级趣味与个人利害的处处权衡。倘若说,"神圣"与"圣洁"太理想化,至少应该少些俗气、霸气、官气吧。

当下,学校中愈演愈烈的"官本位化",直接造就和催生了一大批"教育政客"。为了取悦上司,他们往往"唯上"而不必"唯教师""唯学生",乃至无视众多学生的尊严。在如此势利、如此充满偏见的空气里浸泡出来的学生,将来进入社会后将成为什么样的人呢?我不由得杞人忧天。

一个星期过去了,我还无法给学生一个安慰或解释。

难道说学习不好就代表什么都不好?不,不是这样的,老师们。我们可以告诉你们,你们错了,你们伤了我们原本还有的上进心、自尊心。或许,有那么一小部分同学比较偏向那不好的一面,你们可以教育啊,我们就是信任你们可以教育好我们才来学校的,不是吗?

当我们面对令人崇敬的学校带给我们不公的待遇时,

我们内心真的很痛。所以，在此，我们希望老师们给我们（9）至（16）班同学一个让人心服口服的说法：凭什么我们就不能去观看、欣赏同学们的精彩表演？！

他们的追问，谁替我给个"说法"！

2008 年 10 月

那双蓝蓝的眼睛

校园里,语言暴力现象时有发生。它来自学生,也来自教师。教师的语言暴力,常包含恫吓、威胁、命令等色彩,火药味十足。"如果作业没完成,明天请你站着上课。"——这是轻者。"下次再这样,我会叫你滚回去,等家长来讲清楚了,再上课。"——这是较重者。对此,大家不知何时已习以为常、见怪不怪了。偶尔见正义之士举起批判的大刀,但总是"大刀向教师头上砍去"。作为普通教师中的一员,我不敢"狡辩",此中确有教师自身素质的原因。但十几年来,无数次目睹某些校长或教育官员在台上的训话后,我不禁怀疑人们如此单方面"加罪"于教师的合理性。

一些同行常极其反感地告诉我,他们的校长又在教师大会上发话,威胁老师们如果不怎样,将清理少数人出学校,调往偏远农村……当然,不同校长发话的口气不同:有的校长言辞赤裸裸,盛气凌人;有的校长善用外交辞令,绵里藏针;有的校长则"彬彬有礼",先发放两三百元的奖金,然后才"图穷匕首见",因此每次领这类奖金,大家心中都怪味杂陈。我听后莞尔,联想起小时候过年时父亲发压岁钱的情景,领钱之前自然免不了"领受"父亲的一番"教训":要乖些,读书得勤快点……不过,那时家境固然贫寒、父亲固然吝啬,但父亲的脸色总是一改平日的威严,虽无笑容可掬,但也尚不至于面目狰狞。反观有的校长或教育官员,似乎比家长还"家长",训话时语气咄咄逼人。

校长及教育官员们有苦衷:教师不好管理,来自社会和家长的压力大,为了学校的发展……我相信有些领导的行为是迫于无奈,也认为对不负责任的教师进行教育乃至行政干预很有必要性,但这与动辄"大逞淫威"完全是两码事。

一位教师从师范学校毕业,走进中小学校承担起"为人师"的角色,若不幸遇到有语言暴力的校长,那么被迫接受这种场合的训话,少则每年不下10次,多则每周一次,年均挨训20次,以教龄10年计算,他共"承蒙"了200次"语言暴力"的蹂躏。试想,当他被"训"完后转身走上讲台,面对学生轻微的不轨举动,他有超强的心理素质报以"如花的微笑"吗?还是"自动化"地做出某种条件反射?我还进一步大胆地推测:当他下班,面对家人不合自己口味的言行时,他又将报以怎样无礼的反应?其实,无须太丰富的想象力,回想自己有过的"表现",看看周围同事们"污垢"深积的脸庞,大概已明白八九分。

当下,人们对教师群体的言行举止提出了更高的要求。这是教师的职业特点使然。只是少有人设身处地地思量过:今天,我们的教师生活在什么样的文化氛围中?众所周知,学生的成长离不开良好的外部环境,我们的教育管理者们,是否意识到教师同样需要干净的外部环境?

某位老教师曾动情地告诉我，在他们学校，30多年前有位神奇的老校长，学问、人品俱佳。他每天必去各教室巡视，发现哪位教师缺席，立即代他上课，不管是语、数、英，还是物、化、生，乃至音乐课；且每门课老校长都上得非常精彩。事后，老校长遇到缺课的老师也没有狠批猛打，而是耐心地劝说。老校长在教师大会上，讲话从来是柔软的、平和的、淡定的，绝无一副"你死我活"的架势。我听着老教师的讲述，一边浮想起民国传奇人物李叔同先生，一边沉思：这样一位博学多才的校长，这样一位温文尔雅、儒风袭人的校长，该是一副怎样风神潇洒的模样呢？末了，老教师特意向我描述老校长的长相：他有一双蓝色的眼睛。据说，老校长留过洋，是混血儿。

老教师深情绵绵的描述，不禁令我心驰神往。同时疑惑：老校长是如何修炼得这般雍容大度、气宇轩昂的呢？片刻思索后，我有些顿悟：是他背后宽广的精神视野和深厚的学识土壤，滋养了他的性情、胸怀、人品、人格。

2008年10月

禁不住的感叹

总有人在讴歌教师是最光辉的职业，于是一不小心，教师成为人们心目中玉树临风的君子、不食人间烟火的神仙。不幸得很，你只需在学校里待上足够长的时间，就会无可救药地怀疑自己的眼睛。

你或许见过这样的老师，他的语文课，会让你听后 10 个小时还绕不出来，因为他自始至终都坚定不移地痴迷于"推理"某道阅读题答案为什么选 C 而不是 A、B 或 D。你疑心自己进错了教室，误听了一堂数学课，或者物理课。你原先来到这里，只为享受孩子们清脆悦耳的朗读，老师激情飞荡的妙语，师生针锋相对的思想对话，可是，对不起，让你失望了。

你或许见过这样的老师，他坐在你身边，执着地谈论教育。然而，他告诉你的所谓教育，全部简化成一个个、一组组冰冷的数字。比如，某年全市高考平均多少分，他任教的班级平均多少分，隔壁班级平均多少分。如果他是个名师，他的数据"质量"更高，他会更精确地告诉你，今年他班上几个学生考上了重点大学，而 10 年来这个数据又是多少。你为他超强的记忆力而目瞪口呆。你在他滔滔不绝的嘴巴里，捕捉不到任何一个学生的真实影子，听不到他提及任何一个学生的眼泪。

此时，笨拙的你像被人用酒精灌闷了头，另外还感觉有点儿烦。你尝试着与他交流其他话题。遗憾的是，他太固执了。在他的世界里，除了他理解的"教育"之外，仿佛什么都不存在。你想，要不，还是跟他谈网上购物吧，因为他刚刚40岁。于是，你说你刚从网上买了一双运动鞋、一部手机、一条短裤，他马上否定你："网上？网上的东西哪儿有真的，小心被骗。"你干脆不再发表意见，你只和他谈他的孩子算了——这是父母永恒的话题。不料，他一触及这个话题，马上埋怨起老婆，说她纵容孩子，迷信某些家庭教育的书，专家都是站着说话不腰疼的，都是为了捞钱；还说，只有分数才是硬道理，只有分数才是硬实力，没有分数就没有素质，没有分数，一切通通归零。

看在他老婆的份儿上，你想反驳他几句，但是你还是缴械投降了。你不由得无比佩服德国思想家朋霍费尔的远见：

> 人们多多少少会感到，尤其是在同蠢人谈话时会感到，简直不可能同他本人谈话，不可能同他进行肝胆相照的交谈。同他谈话时，你碰到的不是他本人，而是一连串标语口号以及诸如此类的东西，这些东西有力量控制他。他已被他人作祟，他的眼已早被蒙蔽，他的人性已被利用、被糟蹋。

当然，你可能还见过这样的老师，他是老前辈，也许还是名师，他正语重心长地评价某位年轻老师的公开课："你这节课太没针对性了，你研究《高考说明》了没有？你做过近三年的高考试题了没有？记住，高考考什么，你就教什么。高考命题就是我们教学的方向，很简单。别搞得太复杂。你想拓宽学生的阅读面？得了吧。高考不考的东西你讲再多又有什么用？再说，学生根本不感兴趣，家长也不买账。万一高考考砸了，咱不是吃大亏了？……"年轻老师被镇住了，眼神由自信到迷惑，整个人很快便低眉顺眼起来。年轻老师在笔记本上，飞快地记下老教师的每一句"箴言"，后悔自己太书生气，暗暗提醒自己：从今往后必须从头学起，必须扎实更扎实，不再花拳绣腿，不再自作主张，不再意气用事，不再诗情画意……

你或许还见过这样的老师：他教物理，家属楼旁的电线断了，却不敢上去接上，反是教文科的你替他接上。他教数学，你向他请教房贷的利息问题，他在纸上演算了半个小时，却理不出个头绪，还是旁边开杂货店的小老板笑着告诉你最佳方案。他教高三毕业班英语多年，今天校门口突然来了几位外宾，要问个路，他说"对不起，家里有急事"，迅速逃离。他教历史，你无意中跟他提及黄仁宇，他满脸茫然，问"这是哪个朝代的人物"。他教语文，你一听他的"大言"便佩服得五体投地，仿佛该惭愧的不是他，而是你——他说"我从来不看书，尤其是闲书，什么韩寒，都是乱七八糟的东西，会教坏年轻学生"。他吹嘘刚到凤凰古城旅游过，见过暧昧的吊脚楼，你问"黄永玉故居去过吗"，他竟然不知道黄永玉是男是女。他很崇拜地高谈起若干年前刘心武的《百家讲坛》，你问他《红楼梦》中的一个简单问题，他说，20多年前读过，今儿全忘了……

这样的老师，你或许也见过：他拿过你手头的新书，翻了5秒钟后便鄙夷不屑地还给你。你真诚地说，吴非老师这本《致青年教师》是本讲真话的书，好看，是近来的畅销书。他却道，他有位同学，去年编了本高考习题，也是畅销书，一下子赚了好几万元。你说，这两者不能相提并论。他反而好心地劝你："闲时不妨研究高考，编写练习，这才是专业，也是正道。别迷信某些书，小心走火入魔，引火烧身。"

你或许还见过这样的老师：他曾经是和你一样普通的教师，现在变成什么专家了。他被隆重邀请来开讲座，先吹嘘他20年前辅导学生如何在竞赛中获奖；接着，介绍他数年前去日本、新加坡、美国的趣闻，特别渲染他在美国的经历。你听完后，不知他到底想说什么，你后悔不该把两个小时浪费在这里。但是，大家却掌声不断。显然，大家很喜欢听这样的故事。

你也许还见过这样的老师……

你会禁不住感叹……

2010年7月

为何你如此冷漠

朋友来访，话题难免扯到孩子。朋友的孩子在某校念初二。学期初，老师让朋友的孩子当"纪律副班长"，孩子拒绝了。朋友不解，有些家长还不惜托关系替孩子谋"一官半职"呢。孩子说，现在不兴这个了，况且让她当的那个副班长整天就负责登记同学的迟到、缺课、打架等违纪行为，登记了，可能会遭"坏同学"的报复。朋友听闻，恍然大悟，赶紧表扬孩子"有远见"。

这所学校我听说过。像其他初中校一样，好生源大部分跑掉了，留下来的不少是所谓的"双差生"。尽管如此，一个班级或一所学校，倘若没有学生敢于和"恶势力"作斗争，那也是令人担忧的。不过，话说回来，换成让我的女儿去担任这样高危的副班长，在那种环境下，即使她愿意，我舍得让她冒风险吗？扪心自问，我舍不得——虽然我的身份也是教师。

听了朋友的话后，我不好表态，有些空泛地说："学生太嚣张了，学校太缺乏正气，该好好整顿。要不，长此以往，校将不校，家长哪敢把孩子往学校里送。"

"学校？呵呵。"朋友冷笑一声，"你问我女儿，她见过学生打群架时，有的老师经过，假装没看见，溜之大吉。"

我更不知该说什么了，脸有些发热，仿佛溜之大吉的老师中也有我一个。我鼓起勇气说："在我们学校不会发生这种事。至少我碰上了，会打电话给学校保卫科的人，让他们赶来处理。许多老师也会这样做的。"说时，我理直气壮，因为这是我的亲身经历和亲眼所见。

"当然，也不能一味指责这些冷漠走开的教师没有责任心。"朋友显得宽宏大量，接着毫不忌讳地说，"学校更要负一定的责任，听说某学校的领导……"

朋友虽不是教育行业人士，但有一大帮昔日的同学在当教师，平时也喜欢和教师交朋友。对教育行业内的事，他了解得比较清楚。

我脑子里跳出刚读过的吴非老师的文章《谁是学校的主人》。诚如吴老师所言，在当下各级各类学校中，教师不再有资格和胆量妄称是"学校的主人"了，且早已沦为学校的雇员。在此背景下，学校教师无丝毫的"授帽权"，也就无任何话语权，也就失去了主人翁的认同感，其结果自然是："学校不是我家，我不过是一名雇员而已嘛。何必多管闲事！"

如此的雇员心态导致教师在情感上缺乏归属感，行动上产生"冷漠症"，或许便是某种必然。

时常听到少数老师痛快淋漓地抨击完教育制度和某个领导后，毫不讳言地宣称："我只教好自家的孩子，其他的，好歹我才不管。"我理解这些老师的愤怒之情，我相信他们大概只是说说而已，借以宣泄一时的情绪，职业的底线不至于滑落到这步田地。可是，每次听了，我总有些反胃，暗自庆幸："幸亏我的孩子没在他的班上，否则，多么令人担忧。"别的不说，这些老师满肚子怨气，每天一副厌世者的嘴脸，那样的课堂和教室，估计和监狱相差不多吧。我希望我的孩子在学校里，不仅要平平安安，还祈祷她遇到一位有温情的教师、宽厚的教师，甚至一位"高贵的教师"——奉献、专注、广博和深刻。因为我的孩子去上学，为着接受知识，还为着学做人，包括如何面对正义与邪恶，如何正视生活中的种种不顺。这些东西，如果学校不教给她，我也会教给她，但是，学校和老师起码不能起负面作用吧。

这样一番换位思考后，我似乎豁然开朗了：无论有什么样的理由，作为教师，我都不能太颓丧、太冷漠，因为坐在我面前的，不是所谓的教育体制和某个领导，而是一个个活脱脱的生命，是许多家庭的孩子。正是无数的"他们"决定着我们的明天。我们今天所悲愤的、所针砭的、所追求的、所努力的，不正是为了他们能够生活在我们所期待的明天里吗？为什么我们要因为不平（哪怕出于正义的不平）而无意中亲自挖掉这条通向美好未来的道路呢？

又想及朋友提到的事——学生打群架时，一些教师视而不见地走开。它除了给学生造成负面影响外，还损害了教师的个人尊严及群体形象。而这些影响和损害所酿造的后果，都不是少数教育官员和校长所能承担的。教师哪怕退休了，心还牵系着这片曾经流汗流泪、曾经欢笑过的地方。我们把一生中最珍贵的时光和精力，都浇洒在这里，我们怎舍得践踏它？……

这样一想，我的心，禁不住热起来。

2010 年 10 月

闲暇是教师最好的继续教育

暑假一到，继续教育随之而来。我突然间想到一句话：闲暇是教师最好的继续教育。习惯性地到网上搜索一通，竟没发现同类文章，再翻阅家中谈教育的书，包括继续教育方面的专用教材，居然也找不到任何倡导教师拥有闲暇时光的文字。我反倒听到无数的声音——不管是口号式的呼喊，还是诗意般的抒情；不管是语重心长的，还是心口不一的——皆剑指普天下教师读书少的现状，鼓动教师要学习、学习再学习，教育、教育再教育。

我不反对这些声音，尤其不反对教师参加继续教育。从事教育工作，的确需要不停地吸纳新鲜空气，否则，如何在课堂上站得住？但如果因此变得全中国仅有这一种声音，也不正常。为什么大家都如串通好了似的，一个劲儿要求教师再学习、再教育，而从不劝说教师在暑假好好休息呢？莫非教师个个是懒虫？

暑期名义上将近两个月，但掐头去尾，能剩多少时间？铺天盖地的各种继续教育、电脑考试、校本培训，都趁暑期的空当"追杀"过来。一学期的紧张、劳顿尚未冷却下去，又被一阵猛火加热起来。

我不禁质疑：继续教育是必要的，但如此集中几天的培训是最佳的继续教育方式吗？

教师的劳动具有弹性大、创造性强以及个性鲜明等特点。弹性大的特点决定了教师的学习应以充分发挥主动性为主。激发出教师主动学习的热情，才是根本途径。教育的创造性特征又需要教师拥有必要的闲暇，而不是像驴子拉磨似的每天"重复昨天的故事"，这样的教师整日疲于奔命，遑论什么创造。教师的学习还要因人而异。比如，我觉得目前急于补充的知识是西方近代教育理论，于是，利用暑假我自学这样的内容，便可达到一定目的。而缺乏个性化的继续教育，对我而言几乎形同虚设。可是，我们的各级教育主管部门，无视这些问题，只顾一层层下发文件，只顾照本宣科。

社会上还存在另一种不良心态，那就是见不得教师有点儿闲暇。教师的闲暇，几乎等同于罪恶。20年前我参加高考前夕的傍晚，在学校的大树底下苦读，看到几名科任教师已吃饱饭要走向电影院，心里甚为不平，以为老师应该和我们一样紧张才是，怎可以如此逍遥自在。后来，轮到自己当教师，回想当年的想法，觉得天真、愚蠢至极……

必要的闲暇对教师而言不可或缺。罗素在《论教育》中说，有人以为，教师的工作就像银行出纳员一样，让他干许多钟头的活儿是合理的。这样做的结果是导致教师极度疲乏和易怒，教师不得不机械地应付日常工作。他呼吁必须花费极大的经济开支，以保证教师享有充分的闲暇时间，并使他们从心底热爱教育工作。在罗素看来，对教育的热爱之情是离不开闲暇的。闲暇中孕育着教育的情和爱。

闲暇可以使教师成为一个活力四射、情调丰沛、思想迷人的人。当然，闲暇并非只是简单的头脑放假，四肢放松，无所事事。在闲暇中，教师寻找适合自己的书籍、报刊、音乐；在闲暇中，思考人生、追寻教育；在闲暇中，跨出校园，走进自然，融入社会；甚至简简单单地，在闲暇中，像个正常人一样，陪陪父母妻儿，享受天伦之乐，而不是整天整年狂奔在"教育教学战线上"，被塑造成汲汲于分数、薄情寡义的"半机器人"。新课程提倡学生要体验自然、社会，要做一个懂得感恩、珍惜情感的人，我们的老师却长年累月闭锁在井底般的校园和家中，忙忙碌碌无休止，最终有可能退化成只会教书（主要是只会做练习和贩卖教参）的单调而贫乏的人——他们的人生远离闲暇，从而远离情趣，远离诗意，远离自我。这样的老师，其课堂效果可以想见。这样的老师也许称职，但绝不是我心目中的优秀。

教师要成为一个有知识、有智慧、能独立思考同时又富于生活情趣的人，绝不是单靠那些层出不穷的继续教育所能造就的。

2008 年 6 月

莫把自己当"斗鸡"

我生性胆小自卑，表现之一就是骨子里怕与别人竞争。因此，我一向不打牌搓麻将、不参与体育竞赛，忌惮以至于逃避任何与"输赢"挂钩的活动。

可是，生活由不得我做主，竞争总像个无形却又无处不在的磁场，让人逃离不得。年轻时，曾参加说课比赛、公开课比赛。那大抵是因为领导的嘱托——为了集体的荣誉，偶尔也出于个人的名利心，不得不硬着头皮往前冲。如今人到中年，鬓也萧萧，回首年少轻狂的模样以及卖力追逐的步态，苦笑中少不得一番感慨、自怜。

花有百样红，人与人不同。我发现，有些人似乎天生具有强盛的"竞争癖"，开口闭口"我比别人如何如何"。在他们眼里，不把所有人击败下去，则不足以彰显其个人之高明。

曾有幸聆听省外某名师的讲座，他介绍自己几十年来语文教学的成功经验，洋洋洒洒，真知灼见时时闪现，让人颇受用。比如，他的课堂既重视知识的传授，又善于与学生进行情感交流，深受学生爱戴。不料，在讲座末尾，名师情不自禁地提高音量发出豪言:"我相信我教出来的学生,将来一定比别人的学生更成功,生活得更充实、更美好,生活得更有意义!"

正常情况下,一个人的语言就是内心世界的投影。我从这位名师的讲座里,听出名师一颗拳拳的爱学生之心,他期待学生通过语文学习,拥有更好的人生。但是,话语中流露出的"唯我独尊"的霸气则令我感到不适。你的学生幸福就好了,何必非把别人的学生"比"下去不可呢?人世间,何谓美好、何谓幸福,并非只有一种答案。不同的个体,有不同的幸福观。固然,名师出高徒,名师教出的学生可以考取名校,我等庸师,教出的学生大概也"乏善可陈"。可是能据此说明,所谓名师的学生就一定比普通教师的学生活得更精彩吗?每个人都有自己的人生道路,每条道路都有它独特的精彩所在。

名师的豪言壮语,背后还蕴含着某种价值判断:学校的教育就是一种竞争,只有不断超越别人、打败对手的胜利者,才是教育的成功者,理所当然地也才是学校和老师们的"骄傲"。如此教育,无疑是对教育的窄化和矮化。健康的学校,是培育与创造公平、民主的基地,是赋予每个受教育者充分舒展自我灵性的天堂。经由教育,人们找到自己的天赋所在,从而找到幸福所在。我非常喜欢一位朋友说过的话:人生要追求成就而不仅仅是成功。古人"一将功成万骨枯",可谓最典型亦最残酷的"成功学"。试看今日众多功成名就的名人口中的所谓成功学,都多多少少包含着你死我活的血腥味。

诚然,学校不完全排除竞争,但竞争绝非学校的根本目的,而且竞争的标准不能是唯一的。诗人布罗茨基在《如何面对这个世界的恶行》的演讲中说,当一个人开始觉得他胜于另一个人时,恶便开始生根了。反观当下,某名师以及许多教师,长期以来受到不良教育评价机制的影响,满脑子竞争欲念,哪怕他们意识到教育不单纯是为了分数,也摆脱不了一个根深蒂固的观念:我的学生要比别人的学生强。其背后,也伴随着炫耀"我"的水平比别人如何如何。

有人警告我:"别太浪漫了,现实是残酷无情的,君不闻,优胜劣汰,适者生存?"我懂。我的初中生物老师早已教会了我这套生存哲学,严酷的生活也一再教训过我。不过,学校的竞争也应如此"残酷无情"吗?

还有人说,害怕竞争、反对竞争的人,是自己实力不够的表现,是懦弱者无能的自白。或许是吧,至少适用于我。那么,我得抱歉,为所有不幸被我教到的学生表示抱歉,因为我没本事让他们"将来生活得比别人更美好"。不过,我祝福我的每位学生都能找到属于自己的适意人生。而对于我,还是做一株野草或杂草吧,在寥廓的天地间,迎风曼舞,兀自荣枯。

2011 年 9 月

口号、"火药"及高三味道

前几天,我带着几名学生督导队员去高三教学楼检查学生出操情况,尚未上楼梯,一名学生督导队员惴惴不安地对我说:"老师,走到高三教学楼来,我好害怕啊。""害怕?你是哪个年级的?"我一头雾水地瞥了眼这个女孩,看到一张有点儿发白的脸。"我读高二。传说中高三那种紧张氛围是很可怕的,我一想起来就胆战心惊。"她说。我笑着安慰说,高三没她想象的那么恐怖,况且成绩优秀的学生是不会害怕的。"老师,我就是成绩平平啊。"这回,我无语了。

高三的教室在二楼。刚经过文科班第一间教室,女孩就在我背后悄悄说:"老师,你瞧那些标语,多吓人,我腿都软了。"我走进空荡荡的教室,果然标语不少。黑板正上方红纸白字写着:"火热青春,决战高考。"后黑板上方用几种颜色的字拼起一行:"高三是集体战斗与个人成就的时期!"两侧墙壁的空白处分别悬挂两幅字——"挑战极限""无悔人生"。很惭愧,我在这间教室上课近一年,竟然对这些口号熟视无睹,而这位女生一眼就看清了,并且被"击中"。我是个多么粗心迟钝的老师。

我转身对她说:"放心吧,明年你到这教室读书,身临其境,自然就不害怕了。"她把头稍稍摇了摇,不以为然。但多年的经验让我相信自己说的没错。

随后,我在巡查过程中,有意研究了各教室内形形色色的"口号",虽然不是每个房间都和这间一样,"口号"粘贴得四处皆是,但火药味是差不多的,"决战""战斗""挑战"等字眼出现频率最高。也许这浓烈的火药味,就是高三的味道,也是令这位准高三学生为之胆战心惊的原因吧。

我忘不了自己当段长的那10多年,每当一届高三学生刚结束了高考,作为准高三年级的段长,无须谁提醒和渲染,那种如临大敌的厮杀氛围立刻迎面扑来,压迫着自己。为了不断制造学习气氛,高三这一年,我和其他领导总要琢磨出各种办法,比如,召开家长座谈会、学生动员会、誓师大会,等等。其中必不可少的一个环节,就是在高三学生必经的路口或墙壁上,根据不同复习阶段,摆放或张贴一些励志口号。印象中有过这样一些口号,"读书改变命运,态度决定一切""我努力,我坚持,我一定能成功"!

有时,静夜里我翻开昔日"段长工作记录",读到当年留下的上述豪言壮语,除了苦笑,就是一串串的怀疑:读书果真可以改变命运?努力就一定成功?还有,考上大学就是成功?诸如此类。如此一番自我纠结后,总是庆幸自己终于告别了"段长"职务,跳出了高考压力的中心,从此无须绞尽脑汁去杜撰一些似乎连自己都将信将疑的"口号"了,哪怕它们听起来何等铿锵有力。

不过,让我稍感欣慰的,是我张贴出去的口号,总体上比较"温柔",不会太吓着孩子。我曾见过这样一些恐怖口号:"不苦不累，高三无味；不拼不搏，等于白活。""要成功，先发疯，下定决心往前冲！""有来路，没退路；留退路，是绝路。"还有最新"升级版"的口号——"拼尽最后一滴血"等。

我在某校亲眼见过更绝的一句口号："家长苦育，教师苦教，学生苦读。"此"三苦经"曾被刷在巨大的木板上，霸气十足地横放于校园台阶正中央，人人必经之路口。那天恰是高三家长座谈会。我不知道家长们看了之后心情如何，多年前，我站在木板旁，无端地感到一种窒息，仿佛有无形的高墙和铁丝网将我和外面的世界隔离开来。我赶紧从木板前逃走。

但我清楚，我是"逃得了和尚逃不了庙"的。明天，我还得乖乖回来。

前不久，读《叶圣陶教育文集》，一篇文章令我颇为感慨。一次，中国青年杂志社特地寄了一期杂志给叶老，请叶老就里面的调查摘要《来自中学生的呼声》发表意见。80多岁高龄的叶老让家里人念给他听。"念的人声音越来越哽咽，我越听越气闷难受。片面追求高考升学率造成的不良影响我不是不知道，但是没想到影响竟这样严重。"叶老写道。接着，叶老分别向不同的人群发出请求。叶老请求各省、市、自治区的教育局的领导："切不要回避问题，摧残学生的身心来换取本地区的虚誉绝不是什么光彩的事。请赶快设法把局面扭转来，解除中学生身上的压力，让他们得到复苏。"叶老请求中学的领导："你们切不要向学生施加压力，更重要的是切不要向老师施加压力。'剃光头'就'剃光头'好了，……升学率大小不是教育办得好不好的唯一标准。我们要培养的是全面发展的人……"叶老请求中学的教职员："你们跟同学们朝夕相处，经常听到他们的呼声，最能了解他们的心情。他们还是比较大的孩子，难道不应该玩一玩松一松吗？难道不需要体育活动吗？难道不需要文化生活吗？你们是爱他们的，一定能处处为他们着想，保护他们的切身利益。"

我在感慨之余，发现这篇《我呼吁》的文章写于1981年。那时我刚上初中。而今天我的孩子即将高中毕业。整整32年了，教育的"春风"吹了32遍，不变的，是叶老的呼吁依然如此振聋发聩。

2013年8月

无声的教师

"青年们先可以将中国变成一个有声的中国。大胆地说话，勇敢地进行，忘掉了一切利害，推开了古人，将自己的真心的话发表出来。"鲁迅先生在80年前如此疾呼呐喊。今夜，我品着茶，听着音乐，重读这些用血写下的文字时，心底泛起莫名的苦闷。我仿佛看见先生还矗立在斜风细雨中，目光穿过岁月的漫漫云嶂，压在我的书页间。

今天，学校召开骨干教师的首次座谈会。最后一项议程，是大家自由交流今后如何开展研讨活动。平日茶余饭后，大家对学校较少组织教师外出学习颇有微词，今天不失为一次难得的机会，我以为，大概会有人提出来讨论。可是，座谈会却意外地陷入了令人尴尬的沉寂。40多名骨干教师或面面相觑，或自顾翻书，或故作沉思状。最后，当大家填写表格中"请你为今后如何开展研讨活动献计献策"一栏时，才有几个"勇敢者"写下应该组织骨干教师外出学习的建议。作为主持人，我有些难过，想到每年的教代会，全校教职工代表60多人，济济一堂，可提上的议案总是寥寥。

这种近乎"万马齐喑"的情状，为时久矣。说到原因，最省事的办法就是归因于我们体制的弊端，这样之后，大家又心平气和了。于是，"无声"的戏剧年复一年地盛演不衰。

教师，原本是能思考且善言论的一群人。我目睹过许多教师在课堂上谈笑自若、挥洒自如的风采，深为之折服。可是，一旦由他们来主张自身权利时，他们却选择了沉默。我不免有时怀疑，有些教师教书几十载，积累下的话语不下几万句，其中是否有一言半辞是出自自己的真实思考？我也将这个大问号紧贴在自家的"心壁"上，时刻提醒自己，不要成了"传声筒""应声虫"。

表达本身，比表达什么和怎么表达更难得、更高贵。公开的表达，首先表明了一种立场，是对"我在"的确认。而太多的"无声"，反倒成了对权力的畏惧、对自身价值不自信的表征。在一片可怕的"无声"中，我看到无数匍匐于权力城墙下的萎缩身影。

教师"无声"的危险性还不仅于此。其潜在的更大危害性在于，教师会不自觉地套用这种思维，将其带到课堂上，移植至学生的头脑中。他所站立的讲坛，一不小心就可能变成神坛，自己也化身为真理的独裁者。

唯有教师心灵自由解放了、灵魂自由飞翔了，才能发出声音，直至发出真的声音。而"只有真的声音，才能感动中国的人和世界的人；必须有了真的声音，才能和世界的人同在世界上生活"（鲁迅语）。

到那一天，我们教师有福了，我们的教育也有福了。

2006年9月

珍惜词句，不做伪君子

几年前的一天，我和女儿路过某建筑工地。女儿指指工地大门两侧的巨幅标语，问："'安全第一，质量第一'，两个都第一，那谁是第二呀？"那段日子，我天天经过这里，竟熟视无睹，经她一提醒才觉得荒谬，但唯恐"毒害下一代"，我轻描淡写答道："并列第一嘛！你上次月考名次不是和某某同学并列第二吗？"

初一年级的孩子容易糊弄，可我糊弄不了自己。闭上眼睛，一些劣质工程引发的惨相翻腾在脑海。

对于此类动辄把话无限放大的做法，我有一种近乎本能的警惕与厌恶。可悲的是，这股风繁衍日盛，不知何时已传染给教育。

随便去哪所学校或乡镇政府转转，墙上赫然粉刷着诸如此类鼓舞人心的口号："一切为了学生，为了学生的一切，为了一切的学生。"即使偏僻的小学校也概莫能外。

不独在墙上涂抹，一些老师也热衷于叫喊"为了学生"。其实，这语焉不详的话，是经不起推敲的。试问，"学生"是指哪部分学生？"为了学生"是为了学生的什么？如果为了让自己班上的学生考上大学，不惜"发明"各种手段来提高成绩，这般"为了学生"，即使口号喊得冠冕堂皇，也难掩其反教育的真面目。这样的老师，这样的校长，这样的地方教育官员，或许可以把一个班、一所学校、一个地方的中考、高考弄得如火如荼，又能怎样呢？当然，明眼人都明白，谁才是这"辉煌战绩"背后的真正获益者。

曾有幸和几位"名师"同桌用餐，听他们不亦乐乎地高谈如何艰苦卓绝、不屈不挠地争取"周六补课权"时（外行人会误以为他们非常高尚），我突然不合时宜地抛出一个"恶毒的观点"："别唱高调了，什么为了学生才放弃周六休息补课，如果周六补课分文不给，大家还愿意'辛辛苦苦一切为了学生'吗？"此话一出，弄得大伙儿一时无言，满脸愤然。当然，我不是主张教师不该多劳多得。我不过想把问题弄清楚点，不要凡事总往自家脸上贴金嘛。

这个时代，有的人说了谎还浑然不知，有的人则熟能生巧地将谎言当成借口乃至真理来使用，将自己包装成神人。

在教育界，哪些词句大家使用得最热乎也最吓人？首推"爱"字。不少人喜欢用"爱"字来教训普通教师，不少老师又往往以"爱"的名义折磨学生。爱，一不小心，就蜕变成教育界公开实施压迫、利用、愚弄他人的"公器"。我非常欣赏江苏省沈丽新老师的看法：不要轻易把"爱"说出口。我以为这不是沈老师的谦虚，而是诚实。因为诚实，所以"珍惜"词。

"爱"字外，还有"为了社会""为了家长"之类的话。我听得耳朵都快变成石头了。我没说这些话不可以说。问题是，为了社会的什么？为了哪部分家长？有些学校，加班加点搞学习，最终"胜利"地击倒竞争对手，得意地将一群解题水准一流、头脑僵化、心灵空虚的年轻人塞进高校，这就叫"为了社会"吗？有的地区和学校，为了突出其"办学质量"，为了迎合极少数家长的"需求"，将所有尖子生集中在几所名校、几个班级加以重点"扶植"，其余的学子则被视为"碌碌无为，不足挂齿"的多余人。如此满足少部分人私欲而损害多数人利益的做法，能体现"为了家长"这四个字的本意吗？

苏霍姆林斯基在《要保持"水源的清洁"》一文中说，在学校里，不应当搞空洞词句和空洞思想。当教师要求儿童说出自己的思想的时候，要保持审慎而细心的态度……不要让那些高尚而神圣的词句，特别是关于热爱祖国的话，变成磨光了的旧分币！真正的爱是不必声张的。应当教会儿童去爱，而不是教他们去谈论爱……要让在学校里所说出的每一句话都结出果实，而不是一朵空花……今天，走过一片又一片的校园，我常看到一朵朵漂亮的空花，却不见几粒真果实。而长久地身处其间，对我而言，则不仅要懂得"珍惜"词句，更得时刻警醒自己：要努力不做满口金牙、说谎成性的伪君子。

2009 年 12 月

谁能使我的心免于哀伤

受远方挚友的重托,我冒着暴雨,赶往学校找他的外甥女L"谈话"。

L是个准高三学生。暑假补课前,年段重新调整班级,她从普通快班被"刷"下来,到了慢班。她"赖"着不走,幻想着老师让她留在原班级。朋友吩咐我做她的思想工作,免得为难班主任和年段长。

我带着使命走向学校。双脚仿佛被黏滞的雨水粘住,说不出的沉重,心里比四周的雨雾更迷茫。

按理说,我当过六年班主任、九年段长,近三年又分管年段的教育教学工作,应对此类小事,就是小菜一碟。但事实恰恰相反,我似乎比谁都无助,比谁都难受。要不是挚友委以重任,我断然不肯答应。不是我不热心,而是惮于面对自我,唯恐一旦揭开心灵深处的痛,血水就会汩汩然奔涌而出。

每年都有这样一批学生,他们被驱赶到慢班,这种"被遗弃"无疑等于宣判他们学业上的"死刑",某种意义上也宣判了他们人生的失败。那些遭受如此跌宕却仍能神话般"从逆境中奋起"的学生，对不起，我见过的十个中没有二三。

可是，为了高考出成绩，学校必须对不同层次的学生进行"分班教学"；为了腾出一定的空间吸引复读生（他们常常是毕业班教师的"衣食父母"），必须将部分"差生"请出快班……

担任班主任时，我接纳过从快班灰溜溜下来的"差生"，也亲自驱赶过舍不得离开好班的"差生"。后来，当了段长，我的"朱笔"一次次勾画过学生的姓名，也接过无数个哀求或恐吓的电话，收过一封封沾满泪水的书信；再后来，我成了年段"一把手"，我指挥或默认段长继续干着从前我做过的事情……而每一次重新编班，我的心都被绞碎着。作为教师，我没有履行成全他人的职责（最多成全少部分"好学生"）。

此时，我站在教学楼的走廊，等候放学的铃声。10 分钟，20 分钟过去了。楼外的暴雨持续着，身后教室内教师的讲课声变得很模糊。

也许是因为下大雨，且正值暑期，宽敞而明亮的走廊里空无一人。两个月前，在这里，我们 50 名教师和 800 多名学生刚刚一起苦战过，那些揪心的日日夜夜，想来不由战栗。我仿佛还能从洁白的墙面捕捉到无数被扭曲的、极度疲惫的身影。但我依然庆幸，从此往后，我将告别这些。"告别昨日之我，告别罪孽。"——我曾经在手机里给自己发过这条短信。我再也不会重返这种生活了。无论给我什么待遇。

铃声终于响了。可是，在教室里，我找不到 L。一个女生告诉我，L 下午好像没来学校。我的心往下坠。幸好，在这个女生的帮助下，十几分钟后，我见到了 L。

L 似乎还在期待我带给她好消息。当我正告她，这几乎是不可逆转的现实后，她低下头轻声抽泣起来。我听到自己当年的哭声了。我请 L 耐心地听我当年的故事。

在她断断续续的抽泣声中,我告诉她:1987 年高考前一个月,班主任突然宣布班上有六七名学生没有资格报考大专,只许单报中专,而其中就有我的名字。我感到脚下的地板直往下沉。放学后,我第一次勇敢地径自去教师宿舍楼找班主任,问为什么不许我报考大专。班主任说,因为我成绩差,而且,这些都是学校研究决定的。多年后,我才明白,学校为了确保高考升学率,让一部分成绩中等以下的考生放弃报考大专。我失魂落魄地回了家,让弟弟帮我买来一斤白酒,当场灌下大半瓶,然后像一匹受伤的狼似的放声嚎叫……

我开始知道什么叫现实,什么叫耻辱和绝望。那年高考,我名落孙山。第二年,我回来补习,被编入年段的最慢班,班级有 108 人。可以想象,这种鱼龙混杂的班级课堂秩序会怎样。但是,就是在如此环境中,第二年,我竟然以全班总分第一的成绩,考上了师范大学。

我接着说:"第一年,我在快班,连中专也考不上,复读那年在最慢班,却考上了大学,说明事在人为。快班有快班的好,慢班也有慢班的好,只有自己才能救自己。只要调整好心态,坚持不放弃,在慢班里的成绩稳居前列,老师必定重视你,自己信心也足,更有利于激发潜能。当年,我就是因为在慢班,破天荒地受到班主任的表扬,从此找到自信,开始发奋学习。如果继续待在快班,成绩倒数第几,我未必能获得这样的机遇。"

L 终于停止哭泣。我要她记下我的手机号码,需要时来找我,我乐意与她交流学习方面的问题。我们走出办公室时,大雨渐渐歇住脚,天空昏暗下来了。

第二天我收到 L 的短信:"王老师,晚上好,我是 L。昨天我失态了,因为情绪有点儿激动,现在好多了,多亏有你的鼓励和朋友的加油……还有,多谢王老师这几日为我所操劳的,你肯定费了不少功夫,谢谢!"

我像获得一份珍贵的礼物。在回复中,我说:"没事,我理解你当时的心情,这样的时刻我也有过。记着,不论处于什么环境,自己始终是自己的拯救者……我一直相信你能走出低谷,创造最好的自己。"

短信发出后,我独坐书房,心情无法平静。蓦然想起艾米莉·狄金森的几句诗:"假如我能使一颗心免于哀伤,我就没有虚度此生。假如我能使痛苦的生命有所慰藉,在酸辛中获得温情,或是让一只昏厥的知更鸟,重新回到窗中,我就没有虚度此生。"

可是,除了片刻的慰藉外,我无法摆脱"虚度此生"的虚无感和悲戚感,因为在我眼前,依然有无数的心灵在饱受哀伤的浸泡。我所从事的职业,依然无法为一只只昏厥的知更鸟点燃一盏窗灯,我的生命,依然沉沦在阴暗的海洋里……

                                       2011 年 8 月

对不起,我忘了你的名字

大年初四,2004级高三(8)班学生聚会。作为他们的语文老师,我欣然受邀前往。

这个文科班,给我印象最深的,除了女生所占比例超高之外,便是班级人数超多,高三时竟达96人。幸好当时有空间超大的旧实验室可做教室。依稀记得,1988年我参加高三补习时,也在这间教室,那时,我们班的人数是108。这是真的。我曾向学生们很怀旧地追忆起昔日我们补习时的情景。如今,旧实验楼拆了,原地建起新楼,而当时还宛如一块块璞玉的学生们,个个脱胎换骨般,挺拔在我眼前,使我感慨于岁月的分量。

席间,学生独自或者两三个一起过来敬酒。也许从我的眼神里发现了什么,他们大多会"考"我是否能叫出他们的名字。这个问题比起当年他们问的任何难题都难以作答。我手里捏着班主任给我的发黄的名单,心里却一直发抖。结果,我当场能叫出名字的还不到三分之一。我的脸烧灼着。我一再支支吾吾道:"对不起,忘了,名字和人对不上号。"这是实在话,我可以从上千个名字中一一找出他们的名字,甚至是哪个同学的笔迹我还能隐约回忆得起来。但是，这有什么用呢？此时的他们不需要我鉴定他们的笔迹，他们的要求很简单——只要我喊出他们的名字。

我突然注意到有位女生与众不同。她没有像别的学生一样绕到我身旁，而是不知何时坐在我的对面，偶尔抬眼望望。终于，在我停下酒杯安静了一阵子后，她坐着不动声色地说："王老师，你还记得我是谁吗？"我透过近视眼镜（那天我特意戴了眼镜），审视了三四秒，抱歉地摇摇头："对不起，一时记不起你的名字。"她淡淡地说："没关系。王老师，敬你酒。"她的口气很淡、很平静，平静得令我吃惊，平静得和这热闹的气氛格格不入。我似乎忘了询问她的姓名以及是否找到工作了，她也似乎未曾说。我又忙于和围上来的其他人说话，等我再找她时，她已经不见了。

接着，来了一拨学生架着我一起合影。然后，语文科代表小津和副班长阿嘉悄悄将我拉到一边，说："王老师，您想不到，我们那时多么喜欢您的课……到今天，多数人都深受您的影响——爱买书和读书，喜欢宁静。"

"我，小津，还有几个同学，包括陈亚燕，我们对您可以说很崇拜。"阿嘉说，"但恕我直言，王老师，您居然忘了她的名字，她刚才很伤心的……"

我感到周围的一切喧嚣消失了，阿嘉的话一个字一个字地、响亮地掉进我的心底。我的醉意减去了大半。哦，刚才在桌旁的女生就是陈亚燕！刹那间我想起她稍显歪斜无力的字迹，想起她在教室里常坐的位置，想起她比较低的分数，想起她刚才那淡淡的神情、淡淡的影子。

"王老师，您居然忘了她的名字，她刚才很伤心的。"聚会已过去一段时日了，我意识里挥不去学生责备的话，挥不去那位我记不住名字的学生的神情和影子，挥不去她的字迹……这些东西糅合在一起,化成一种奇特的空气,将我包围,使我每当想起时便感到缺氧般窒息。

陈亚燕——我曾经眼中的"差生",我至少教了她两年的语文,但印象中提问她的次数寥寥。那时候,每逢上课提问,我总爱随意喊个座号,还以为这样很"平等",却不懂得,每一个学生的名字,原来都是那么美丽并且值得尊重;那时候,我又总爱把势利的目光洒落在"有希望"上大学的学生身上,却不懂得每位学生都需要关注和安慰,尤其是成绩不佳的学生;那时候,我还因忙于应对学校事务而一次次错过课间与他们一起聊天的机会,却不晓得,聊天也是一种教育,比课堂更自然、美好的教育。

后来,我读到了张晓风的散文:

> 名字是天下父母满怀热望的刻痕,……每一个名字,不论雅俗,都自有它的哲学和爱心。如果我们能用细腻的领悟力去叫别人的名字,我们便能学会更多的互敬和互爱,这世界也可以因此而更美好。

张晓风的文字提醒我,每个名字都是有重量的。再后来,一个学生在周记中写道:"王老师,我的成绩很普通,我知道在您的眼里,我微不足道。但我有一个愿望,希望您知道我叫林锦玲。"至此,我一颗被庸俗盐水浸泡得麻木的心,蓦然被唤醒。我开始思考何谓真正的教育。也许,它很简单,就是从记住每一个学生的名字开始。

2009 年 2 月

迟来的人生一课

梅,是个农村女孩,很朴实、正直、善良、听话的那种。反正,农村女孩的种种优点,似乎都可以当之无愧地安放在她身上。两年前,她高考成绩只够上三本,这是她的真实水平。我以为她会去念大学的。

"老师,我想去外地私立学校补习。"某天黄昏,我在操场跑步,听她对我说。那要花不少钱的,我暗暗担心着。我问她家里人是什么看法。她说父母让她自己拿主意。我为她深感庆幸,女孩子生在如此开明的农村家庭,幸运得很。

完全想象得出,这样的女孩在高价补习班的一年里,会如何打拼了。她曾给我来过电话,写过长长的信,言语中流露着苦闷,但更多的是对学习、对未来的激情和自信。我鼓励她说:"你终于找到学习的最佳感觉了。就凭这,你一定可以考得非常出色。"一年后,她果然以高分考上了一本。

到了大学,她朴实、善良的优点马上得到大家的肯定,她被推选为宿舍长、学生会干事等。正当我为她的进步而高兴时,她又告诉我她的新烦恼,说一些同学慢慢不理她了,似乎有排斥她的意味。听了这些话，我也困惑起来，心想：梅这样可爱的女生，怎么会遭人讨厌呢？莫非是在她的热情、坦率且无私又无所遮拦的镜子面前，一些人照见了自己的阴暗，于是本能地拒绝？我安慰她说："没关系，理解是需要时间的，一段时间后，大家真正理解你了，会喜欢上你的。"

圣诞节到了。她来电话问我是否知道今天是什么节日。我说："知道知道，但你为什么不和同学们一块儿娱乐呢？"她没正面回答，只说自己到校园公共电话亭来，等了好久才轮上打电话，还有学校正下雪呢。我没见过雪，但此时我感觉到了雪，感觉到雪中的梅——我的学生。

她说现在同学们在工作上认同她了，也开始配合她了，但另一方面，她越来越孤单了。我问为什么。她说，平时大家晚上很少读书，基本在玩儿，唯独她，老是看书、学习，大家好像都将她视为"另类"。"但是，如果不读书，我真不知道该做什么。我已经习惯这样的生活了，忙碌且充实……"电话那头的无奈和迷惘，像寒冷的风，直灌入我的身体。

我含糊其辞地开导她："走自己的路，但也不要一头扎入书本里头，毕竟现在不是高中阶段，而且你还年轻，路刚开始，学会和别人交往也是一门人生必修课。你不像我，即使整天整年足不出户也不打紧。当然，我也没有这样。瞧，今晚我还到亲戚家聚会呢。"

她赞同我的话。20多分钟的电话沟通之后，我的心沉沉地坠入圣诞节的夜里。

我的学生梅，她遇到的困惑，逼我反省一个问题：我教她三年语文，她是那么听话的孩子，一定也信任我，一定受我（还有许多老师）某些言论的过度熏染，以致走入思维的死胡同。平时我不是动辄宣扬人生就是拼搏吗？不是鼓动他们要争分夺秒地学习，不应将青春浪费在任何无益的事情上吗？不是标榜走自己的路让别人去说吗？现在，他们执行了，不料却陷入困境，而我也迷惑了，一同陷入思想的绝地。

前几天，偶然读到题为《"神奇教师"的道歉》的文章。说的是北京某名师，曾经创下一个班级55名学生中，33人考进清华、北大，10人考进剑桥、牛津、耶鲁等世界名牌大学的教育神话。正是这位神奇老师，有一次参加他的第一届学生聚会时，当他清楚地看到"生活的艰辛、磨难，岁月的沧桑痕迹，明显地烙在学生们的脸上、手上。尤其一些女生，不过40出头，看上去竟像六七十岁的老太太"时，他感觉沉重和心酸，他说："今天来到你们面前，我感到非常惭愧。因为以前的我，血气方刚，争强好胜，一味注重成绩，而不关心你们的其他方面……现在回想起来，我当时的很多做法，其实对你们是一种伤害。"

名师的道歉使我想起学生梅，想起那个落雪的圣诞节，以及长长的电话。我的心忽然间被打开了。

是的，我只晓得鼓动他们为了改变命运，就必须铆足劲儿向前冲，永远向前冲，却忽略了教给他们：拼搏仅仅发生于生命的某几个特定阶段，漫长的一生中，学习、工作只占其中的一部分。一个真正受过良好教育的人，除了拼命地学习、工作，甚至大把地赚钱外，更应该懂得玩、懂得"生活"：他愿意与别人坐下来静静地喝茶、聊天，分享情谊；他可以独自走向田野，只为看云等雨、吹吹风、听听鸟鸣；他还创造性地用多种方式让自己在钢铁般的环境中播种欢愉、收获幸福，做一个有情趣、爱自己的人……

我终于想通了这个毫不深奥的道理，可此时我的教育生涯已走至将近一半。我愧疚地自问：我是否明白得太迟了？至少，因为我的功利和愚钝，我的学生梅错过了，以致挣扎在苦恼中。

我愿意为她以及曾经受过我思想影响的学生，补上这迟来的人生一课。

2009 年 3 月

"榜样"的枷锁

期中考的某一天上午,我在高三年级各教室巡视。突然,走廊一头传来老师的大声斥责声。开考已几分钟了,怎么回事?我赶紧走过去。

班主任 T 正怒气冲冲地训斥学生 W。W 侧着头站在走廊边,满脸羞愧、紧张。

"像这样的重大考试你也迟到,算什么好学生?你干脆别给我考试了!"T 老师抛下这句话,转身进教室,把 W 留在外边。我本想和 T 沟通一下,建议他先让 W 进去考试,等考完再批评不迟。但见 T 老师处于气头上,恐不易沟通,况且我也忖度,T 不过是想"晾" W 几分钟,给她个教训,很快会让她进去的。于是我放心地到其他楼层转悠去了。可不知为什么,T 老师那句"好学生不允许迟到"的话,一直盘绕心头。

过了 10 多分钟,等我第二遍巡视刚才的教室,已不见学生 W,我估计她已顺利进教室了。

晚饭时,念高三的女儿无意中提到,她的好朋友 W 今天上午和下午都没参加考试,上午因为迟到老师不让进去,下午不知何故缺考了。我这才记起上午遇到的事，心头划过 T 老师的话——"好学生不允许迟到！"

几天后，与朋友 D 闲聊，他说有一次去学校接读三年级的儿子，在教室门口，班主任向他"告状"说，孩子今天忘了带语文课本，老师当着全班学生的面狠狠地批了孩子一顿。接着班主任严肃又善意地提醒朋友 D 要重视这事，千万不要放松对孩子的管教。朋友 D 听了，颇为不解，不到 10 岁的孩子，偶尔忘了带课本，老师如此"郑重其事"，是否有点儿小题大做？那位班主任似乎猜透了朋友 D 的心思，补充一句："你孩子是班长，是全班同学的榜样，我们对他的要求自然高很多。"班主任说完，围在旁边的一些小同学纷纷幸灾乐祸道："耶耶耶，某某某，你也应该让老师批评一次！"

听完朋友 D 的话，我脱口而出："这老师责任心强，也关心你孩子，不错啊。""老师的心意我们知道，不过，老师的想法不一定对。我孩子干吗要成为'全班同学的榜样'？为什么普通的孩子犯错可以原谅，当班长的孩子犯错就得被狠批一顿？他才是个三年级的孩子呀。"朋友叫屈起来。

我猛然醒悟，朋友 D 是不想让自己孩子过早承受心理负担，不由对朋友 D 刮目相看。我问他："你当时把自己的想法告诉班主任了吗？""告诉班主任？我又没吃错药。你说，我敢吗？我敢得罪孩子的老师吗？"朋友反问我。

今天偶然翻检四五年前写的家庭教育方面的旧作，其中一篇记录了我和女儿的一段对话——

"爸爸，你知道我现在最想做什么吗？"女儿问。

"我不是你肚里的蛔虫。我哪晓得？"

"爸爸，我想变坏一点，最好做个坏孩子。"她脸上有淡淡的忧愁。这是极少见的，她一向乐观、自信。

我沉默，很快明了她忧愁背后的原因，但我仍故作漫不经心地问为什么，我想让她自己倾诉出来。

"爸爸，我可以说一直是所有老师心目中的好学生吧？"

"是的。你从一年级起年年被评为'三好生'，又是班长，老师当然把你当成好学生了。"

"可是，我现在不想做好学生了。我觉得坏一点更好。"

"如何'坏一点'？"

"我也不清楚。反正，我就想改变自己在老师心目中的好印象。"

"那你就故意迟到几回吧。"我假装替她出主意。

"不行，老师会认为我是有原因才迟到的，会原谅我的。……反正，现在不论我干了什么，老师都会认为我是对的。"她嘴角露出一丝笑意，分不清是得意的笑还是苦笑。

女儿说得一针见血，的确，有的教师喜欢戴有色眼镜看人，于是，一些学生常常享有这种"豁免权"。有的教师对成绩好的学生各方面要求都特别高，有时简直到了"神话"的程度。记得女儿暑假去跟一位音乐教师学弹吉他，一段时间后抱怨老师针对她的教学进度特别快，为了跟上进度，她不得不每次都预习得很充分。有一回，她没空预习曲谱，老师对她的"笨手笨脚"竟颇为吃惊，问："怎么了，还没记下来？"其实，刚弹过一两遍的曲子如何能立即过目不忘？

看着女儿怪异的笑容，我问："为什么你想改变自己的'高大'形象？"

"让所有的老师都将我淡忘掉。"她终于说出来了。

那时，女儿是八年级学生。我当时隐隐觉察女儿内心承受着某种压力，可惜并未深入与她沟通，只泛泛安慰她说，如果不想当班长，就直接向老师辞掉等。今天，倘若不是因为文字的记录，我早忘记了曾有过这样的对话。我惊讶于自己的"健忘"，更惊讶于自己长期以来也像有些教师一样，常用"高标准"去要求一部分优秀学生，有时包括自己的女儿。当然，他们都不是小学生了，高要求或许对他们也是一种激励，并不为过。可是现在我却觉得有些不忍。

其实，学生首先都是孩子，普普通通的孩子，会固执，会偷懒，会马虎，会撒谎，会恶作剧……再回顾自己成长的历程，犯过的错误，岂止这些？即便现在年过不惑，不也时有犯糊涂的时候？那么何必将尚处于成长中的学生树立成某类"榜样"或"典型"，然后，依此规格去苛求他们、折磨他们？

2013 年 3 月

永不回来的校园风景

春节前夕,一位多年前的学生回乡,来学校找我,见面就说:"王老师,校园里全是新房子,我几乎不敢认了。"旁边几位同事呵呵笑。看着他满脸的忧伤,我笑不出来,淡淡地说:"不是还有食堂旁的两棵木棉树吗?你可以去看看。"学生似有所悟地走了。我希望,最后的这两棵木棉树,会挽留住他中学时代的几缕记忆。

清明节,堂弟从厦门归来。傍晚,我邀他去学校走走,他颇不屑地说道:"有什么好看的?以前的教学楼都推了,还看什么?"本要建议他欣赏盛开的木棉花,一时觉得太酸溜溜,我便收住话题。

前几天,江苏省一特级教师来东山,我带他参观校园。他边走边不停地称赞校园的美,然后突然问:"你们学校有多少年历史?"我如实回答。他又问:"是刚搬迁来的吗?"我说搬到这里已经半个世纪了。他睁大眼睛,狐疑地盯着我。我赶紧请他到两棵木棉树下,他不得不信服了。

……

遇到这一切，我内心分不清是快乐，还是伤感。

也许，我应该快乐，毕竟经过多年的努力，我们终于告别陈旧、阴暗的教学楼，住进宽敞、明亮的新校舍，还拥有了现代化的教学设备。这的确体现了教育某方面的进步。可我又黯然地想：创造一个新世界，是否一定先要彻头彻尾地砸烂旧世界？两者是水火不相容的吗？校园里，那些最具代表性的旧房子，如果能保存一两栋作为纪念，又有何不可呢？建筑是凝固的历史。一栋古老的房子，往往凝聚着几代人的共同记忆，它保存下的不仅仅是建筑本身，也不仅仅是岁月的沧桑痕迹，更是无数学子心灵深处的青春记忆。

校园里曾矗立着一座苏式建筑——延风楼。这是建于20世纪50年代末的办公楼，据说，还是当时全县仅有的两栋三层楼的建筑之一。撇开政治因素不谈，这栋延风楼本身就是一个文物，它刻录着半个世纪的历史烟雨，承载着从这里走出的几代师生的情感。倘若我们能以某种方式加固、修葺它，使之长久地保存下来，校园或许会具有另一番格调、另一种魅力。延风楼屹立在操场的北边，像饱经沧桑的智慧老者；它是一位沉默的倾诉者，诉说着几代人走过的艰辛创业之路；它还是一位不知疲倦的教育者，启示后来者如何更好地薪火传递。可惜，在推土机轰隆隆的噪音中，新楼取代了旧楼。从此留在我记忆里的，徒有几十张照片，以及一长串唏嘘声。

几年前去过某中学，崭新的校园一角，默默伫立着一座堪称破旧的两层小楼。朋友得意地告诉我，这是著名的"红军楼"，他学生时代曾在这楼里做过实验，任教后还在这楼里办公过，现在已被列入当地文物保护单位。乍一看，这"红军楼"与周边的教学楼、行政楼格格不入，然而我徜徉在楼旁的玉兰树下时，却涌起思古幽情。不管将来的人们如何去解读这段历史，历史毕竟是不能忘记的。这栋楼用实物记载了许多，见证了许多。而一所学校，也就是在这一草一木、一砖一瓦的记忆中，获得了历史的厚重感与信赖感，赢得了自身的尊严，并把种种美好的情愫，汇入现实，激荡起新活力，熏陶着一代代的学子，也长久牵系住学子的心。

走进一所学校，遇见几栋老房子，几棵老树，感觉总归不一般，那样的学校似乎慈祥些，也更富有文化的内涵与生命的气息，至少更像学校吧。念及此，我不得不庆幸：在屡次的大砍大伐中，校园内两棵巍巍的木棉树竟然神话般地躲过劫难。这是树的幸运，也是生活在它们荫庇下的人的幸运。

可是，木棉树荫庇不了一切。某位老教师曾告诉我，在学校老一辈教师中，有几位老教师，当年如何敢于执义抗言，无论在什么场合，都无惧任何势力的压迫。当然，他们也付出了惨重的代价。还有一位温文儒雅、才华横溢的老校长，如何替临时缺席的教师上课、如何微笑着批评年轻教师、如何拉得一手漂亮的小提琴……老教师的话，让我想起中国 20 世纪上半叶群星闪耀的教育星空。如今，这些让人怀想的人，纷然走过现实，进入了历史。他们之于这所学校，似乎只剩一个个越来越陌生化的名字，顶多再加上某个空洞的头衔。今天，偶尔从某位老教师的口里听到他们的故事，我仿佛在聆听某个古老的传说。遥想那个年代，固然清贫甚至残酷，但依然有一批有血性的教师，守住良知、正义乃至人性的光辉。然而，这样一些弥足珍贵的记忆，只保留在口口相传中，并迟早会消逝在时光深处，犹如曾经顽强站立在校园里的旧建筑，一朝之间变成瓦砾，不复存焉。

有段时间，我天真地设想：邀几位同道的年轻教师，拿起DV或录音笔，逐一采访学校的退休教师，请他们讲述教育生涯中记忆最深刻的经历，讲述校园里出现过的最难忘的人和事，然后保存下来。我相信，对于一所学校而言，每位老教师都是一部不可替代的历史典籍。真正的历史（即便是校史），绝非少数精英的"自传"，或者所谓的"大事记"。少数精英不过是某方面声音的代表，他们不足以完整呈现过去的本来面目。至于大事记，则往往一再被粉饰、涂改、遮蔽。只有许多普通人合唱出来的声音，才更逼近历史的真实。推而广之，一个民族的历史，也是由无数个细小的"校史""村史""家族史"……所建造起来的。

遗憾的是，多年前的设想，至今仍只是个美梦。那些同道的年轻人，他们在哪里呢？而自己，每天挣扎在现实的劳作中，心有余而力不足。每当听到某位老教师溘然而去的噩耗，我心底的这个梦便震荡一下，仿佛又一件珍贵的瓷器在身旁摔破。

而那些河水般闪亮的学校记忆，属于一代代学子的精神财富，就如此一点点破碎，一点点远去，成为永不再来的风景。

2011 年 5 月

第四辑

那些事，那些人

我的开学第一课

初为人师那一年,我教高一新生。我虚心地请教了老教师,将他们传授的话一字不漏地写进教案,然后走上讲台,开始我职业生涯的第一课,也是学生进高中后的第一节语文课。多年后,回顾这一幕,我觉得,这节课颇有几分神圣的味道。

我谨记老教师的交代,对睁大眼睛的60多名年轻人说道:"同学们,祝贺你们考上高中……"十几分钟后,我给他们介绍了高中阶段语文学习的特点并严肃地提出几点要求。

这样又过去了十几分钟,剩下的时间,我让学生打开课本,预习第一篇课文《荷塘月色》。语文课本几乎和我多年前念高一时一模一样,首篇也是《荷塘月色》。我昨晚备课时,一位姓吴的老教师为我们上第一课的情景,历历浮现心头。八年后的这一天,站在讲台上,我恍惚感到自己是当年吴老师的翻版,唯一的区别在于我比他年轻30岁。可我没发现其间有任何不妥和荒谬感,"大家都这样,一代代的教师都是这样过来的……"这个念头一闪而过。

三年后,我又回头教高一,教材没变,教案自然也不用更换。师生自我介绍,然后学法介绍、提出要求,然后预习《荷塘月色》。我已习惯了这样教书,乃至这样的生活方式。

又三年后,我第三轮教高一。所有的环节都保留,连教案也照旧,可我还是自作聪明地添加了一项内容:高考语文怎么考、考什么。我认为,让学生第一天就了解高考,高中三年学语文就有了明确的方向和目的。果然,那一届学生高考成绩特别突出。我很是春风得意。

等到第四轮,教材终于变脸,虽然仅仅是把32开的课本换成大16开的。然而我不再使用九年前的旧教案了——我终于厌倦了自己。于是,第一节课,我把所有环节都快速结束掉,有意留下10分钟,给学生介绍课外作品——记得是朗读了《乡愁》和不知谁的短篇小说。读完,我小心翼翼地对他们说:"高中语文,除了课本,除了高考,其实还有别的……"是的,我说得有点儿胆怯。学生似乎有点儿惊讶。我猜,他们中的多数人,从小学到初中,大概不曾听老师读过这些"无用的文章"吧。

也许是受学生们那些惊异的眼神的鼓励,在接下去几年里,我的教学发生了较大转向,我从教参和练习堆里跳出,代之以真正意义上的阅读和写作。在担任第六轮高一教学时,我重塑了我的第一节课。几分钟内介绍完有关常规事项,之后我对学生说:"今天是第一节课,除了彼此认识之外,我们还是静静地读书吧。我给大家读几篇很美的文章,好吗?"在一片"好"中,我捧起《张晓风经典作品》——

> 所有的树都是用"点"画成的,只有柳,是用"线"画成的。
>
> ……柳差不多已经落伍了,柳差不多已经老朽了,柳什么实用价值都没有——除了美。柳树不是匠人的树,它

是诗人的树,情人的树。柳是愈来愈少了,我每次看到一棵柳,都会神经紧张地屏息凝视——我怕我有一天会忘记柳……

这是我为学生读的第一篇文章,张晓风的《柳》。接着是《木棉树》《春之怀古》。我觉得张晓风的文字典雅柔美,极富中国味,适合十六七岁的年轻人阅读。我希望借助这些文章把汉字的美展现给学生,把汉字背后美好的情愫传递给他们,也把他们被课本中段落大意和中考前成堆的模拟试卷磨得粗糙的心灵找回来,更想把在他们印象中已变得无趣无味甚至丑陋的语文课给找回来。显然,这些文字叩响了他们年轻敏感的心。他们发光的眼神告诉我,他们喜欢这样的文字,喜欢这样的第一课。

读完文章,快下课了,我总结道:

同学们,忘掉几个月前刚做过的成堆的练习卷吧,忘掉课文中那些段落大意、中心思想吧,忘掉说明方法分成几种、排比句有什么作用吧。从今往后,我们进入另一种语文课,真正的语文课。真正的语文课是怎样的呢?你们做过的练习当然是语文课,你们手中的课本也是语文课,但仅仅死抱着它们是远远不够的。语文课,就是我刚才念的那些文章,也是你在某页书里突然因一句话而战栗的瞬间,是你灯下悄悄写下的日记,是你见到满地的木棉花而小心绕过的瞬间,是你走过校园嗅到樟树淡淡的馨香,是你踏进家门听到妈妈一声"回来了,饿了吧"的温暖问候……

絮絮叨叨中，自己也微微动情起来。

如今，我的第一届学生已毕业 10 多年，其中不少人走上了讲台，甚至他们的学生也当了教师，9 月 1 日，年轻的他们或许也将初登讲台，面对一群少年，开始神圣的开学第一天。"不知他们给学生的第一课，还说着我 18 年前的话吗？"念及此，我不由担心着。希望他们不会像当年的我。他们有属于自己的开学第一课，与众不同的第一课，流淌着生命与创造力的第一课。

2010 年 6 月

"夫妻班"

19年前,我回中学母校教书。和我一同走入这个新天地的,还有我的女朋友方。进校园的第一眼,便看见食堂边上父亲般默然伫立的两棵巨大的木棉树。舒展有力的枝条,葱翠绵柔的叶片,和四年前我离开时一样。

很碰巧,我和方一同分配在高一年段,且任教同一个班——这是该年段中考分数最低的班级。教师办公室在木棉树下,从作业堆里一抬头,窗前的木棉便映入眼帘。深秋萧索,风把叶子们送到台阶前。每日,从后门骑单车进校,我远远就眺见高过楼房的木棉树梢,仿佛有一股青涩的味道,飘越屋顶,融入怀中。

那时,我们青葱,青涩,似木棉树初绽的两片新叶。

我住校内,而她,家在县城,离校不远。有时午餐,我和她一道上食堂打饭。不久,学生知道了我俩的关系,"咱语文王老师和英语方老师是一对儿!"他们惊奇。

木棉树开始叶落,花开,再长出新叶。第二学年,我们同教高二。

这时，学校准备集体分房了。其实，不过每家分半间旧教室而已，但在那年头，也是难得的。当然积分高的人，也有机会挑到小套间。于是，懵懵懂懂的，我们急匆匆领了结婚证。

根据学校自定的量化考评标准，我们的积分排在最末。按理说，我俩双职工，又都是本科毕业，积分不会低。我们找领导讨说法，领导解释道："你们虽领了结婚证，可是尚未举行婚礼，依照民间约定，这不算结婚。"言下之意，分一间最差的房子给我们，已属"照顾"。年轻气盛的我，和领导争辩起来。事后，经过好心人的"开导"，我们才懂得，学校并不是天堂。我们的内心像寒冬里的木棉，被剥夺得光溜溜，却纠结着数不尽的困惑和失望。

我担任班主任的（4）班，学生基本来自农村，知识底子薄，但淳朴、热心。知道我们整理新房准备婚事，他们全体出动：女生打扫垃圾、冲洗地板，男生帮忙搬运书和家具。他们还送来两大缸盆景，以及一口漂亮的小铜钟。小铜钟后来伴随我们几次迁家，直至三年前才"退休"。现在，小铜钟摆在大厅橱窗里，成为富有装饰性的纪念品，每目睹，一些年轻的脸庞就从中浮现，而十几年的光阴犹如小铜钟不再跳动的指针，似乎永远停在那个青葱的年代。

因为年轻，缺乏经验，我常因小事生气，批评学生。高一时，曾有学生递给我小纸条，上面仅一句话："王老师，您的笑对我们很重要。"我大为震动。另一次，高二文理分班后，学生黄冠能在行政办公楼遇到我，冷不丁地说："王老师，我喜欢你教我语文，但不喜欢你做我的班主任。"可见，我班主任当得并不成功。

话说回来，我除了笨些，除了爱生气，更多的还是优点，懂事的学生一直包容我、亲近我。王毅信、何亚坤、林汉义等五六个学生，常上我家"开小灶"。我懂得如何制作八分熟的、漂亮的荷包蛋，就是学生何亚坤教我的。

那时我和妻子时常带上几个班委，骑车跑遍大半个海岛去家访。家访中，遇上不少趣事。有一次，到一个学生家，家长匆匆跟我们打个招呼后径自出门去了。后来，学生告诉我，他爸妈竟以为我俩也是学生，是一块儿来家里玩的。

偶尔，家住海边的家长会托孩子带来些海产品。我左右为难。还是妻子有点子，建议说：买些书回赠学生吧。我照办了，心里踏实许多。那时候，我们的想法很朴素：虽然工资很低，但不要让"利益"玷污了纯洁的师生情谊。可惜，后来我也慢慢变俗了，许多年不自知。今天想起来，岂一个"愧"字了得？

婚后一年，女儿出生。学生纷纷涌至家中，看望小师妹，发现小师妹和方老师一模一样的长相时，当即取了绰号——"小方老师"。从此，我们干脆称女儿为"小方"。

日子起起落落地过去。妻子产假半年后，提前重返讲台。因为那时已接近高三下学期总复习了。

高考后，学生的语文和英语成绩出人意料得好。遗憾的是，许多人总分上不去。虽然有十几名学生勉强考上了大专（包括第二年补习考上的），毕业后工作也都普普通通，且以教师为职业的居多。而更多的学生，上不了大学，便做生意，或者开"摩的"，或者到工厂打工，生活艰辛而清苦。

学生 W，身高一米八，寡言内向，擅长英语，数学成绩却极差，高考落榜后，回家随父亲酿酒。多年后，我新房装修，碰巧遇到他。二十好几的人了，才开始当学徒。原来他父亲突然去世，加上酿酒业萧条，他只能转行。我和妻子深为痛惜，心想如果我们当初认真劝劝他，他应该会来补习，凭他的基础，至少能考上大专，或许命运就改变了。看着他高大结实却又显得笨拙的身子，我们唯有难过。又几年过去了，据说，他现在已是个很不错的水电工师傅，活儿也多。我们稍感欣慰。

学生 J，班级劳动委员，很朴实、勤快的孩子，成绩也好，可惜高考发挥失常。因家境困难，无法补习，随便选了一所中专就读，一年后弃学回家。四五年前，一个寒冷的深夜，我从一家饭店出来，门口有位摩的师傅轻声叫我"王老师"。借助朦胧的灯光，我好一会儿才辨认出头盔下他的脸。"J，是你……"我喊出了他的名字。"王老师，您还认得我啊？王老师，您还这么年轻。"他的脸上满是惊喜，又夹杂着自卑与哀愁。我无言，心里一阵酸楚。之后，我又几次在晚间看到他守在某个街头等生意，都低头躲开了。我没勇气和他打招呼。

还有那位终年在海边替人家看管鲍鱼场的学生 L……

或许因为是特殊的"夫妻班"，毕业 10 多年了，学生们还惦记着我俩。一些人常上门来，泡茶，喝小酒，唠家常；当然也有的只是路上见面喊声"王老师""方老师"而已。但我俩都感到，他们每一位都像亲弟亲妹似的。

五年前，在唯一一次的师生聚会上，我灌下足够多的酒，放歌一曲《三套车》："冰雪覆盖着伏尔加河，冰河上跑着三套车，有人在唱着忧郁的歌……"——那该是我此生唱得最动情、最忧伤的一支歌……

2009 年 7 月

不仅仅是"最后一课"

放学回家,女儿说,今天是某两个学科的最后一节课。我问老师都说了什么。她说没有,语气里带着遗憾。第二天,又是几个学科的最后一课。女儿说,老师交代完考试的注意事项后便走人,和平常没啥两样,只有某名老师在最后一张PPT上显示了一行字:"养兵千日,用兵一时。"同时发挥了一下:"祝同学们中考成功!"

我十分理解女儿的失落。一两个星期前,她就期盼老师们能在最后一堂课上,"出乎意料地说点儿什么",哪怕聊些无关紧要的事也好。我想,和她一样怀着同样想法的学生一定不少,毕竟,这是初中的最后一课。三年来,不管师生之间发生过什么,大家同在一个屋檐下,临别前,总有点儿话要说。对于学生而言,则是听听老师的"最后交代"。当然,不仅仅和中考有关。

"也许在老师看来,这节课很普通,因为他们上过的最后一节课太多了,今后也还有,根本不算什么。只是,对于我们,却是初中的最后一课。"女儿善解人意地说,似乎也为了自我宽慰。

　　我为女儿的宽容心而欣慰，然而内心仍有挥之不去的怅惘。许多老师，很重视也很善于经营开学的"第一课"，但是，与此形成鲜明对比的是，最后一课每每遭遇冷落。也许，在老师们看来，该说的都说了，最后一课最重要的是讲应试技巧、考试心理等迫在眉睫的东西，相形之下，其他的话，大概都等同于空话、废话。倘如此，无异于大家都认同了这样的价值观：一个人来学校，就只是为了考试，为了分数。

　　后来，我私下和一些朋友（包括我的同行）聊天，请他们谈谈一生中值得回忆的"最后一课"。遗憾得很，他们无不茫然地摇头。我却一直记得初中毕业那年，有位老师在最后一课中说："同学们，从今天起你们就初中毕业了，将来的路还很长。有的同学继续升高中，多数同学可能就此回乡参加劳动。但不管如何，你们都曾经同窗过，要珍惜友情。还有，欢迎大家有空上我家走走，喝喝茶。"我就读的班级属年段最差班，能上高中的人肯定寥寥无几。但老师短短数语，朴素真挚，令我颇为动容。估计自己属于回乡劳动的多数同学，更徒增一份迷茫和伤感。至于在课堂上讲这番肺腑之言的是哪位老师，已忘记。可我清楚记得，这番话语让年少的我感到老师虽严厉，但还有人情味，是值得尊敬的。

　　不过，我必须先自我检讨：为人师已近 20 年，带过的毕业班那么多届，我也不曾像经营第一节课那样认真地对待我的最后一课。其实，"我的最后一课"的表述存在着观念上的误区。最后一课，不，任何一节课，都不是我的，而是师生共有的，有时还应该是学生的。课堂，不是教师一个人的舞台和跑马场，而是师生"共同生活""一起眺望"的田野。在这里，种植知识的庄稼，培育精神的奇花异树。然而，在一次次被我忽略的"最后一课"的背后，流露出的是对分数的狂热追崇与对学生情感需要的漠视。毕业前的最后一课，学生需要的除了应试，还有老师馈赠给他们的一份暖心的留言。也许他们上不了高一级的学校，但充满生活智慧、人性温暖、美好期许的话语，可能会伴随他们一生，成为他们人生旅途中最富力量的精神礼品。生命行囊里存放这些精神礼品，比起记住一个公式、一个考试答案，其意义总该更深远吧。

或许基于这样的思考，或许为了补偿什么，今年，我提早几天为高三毕业班学生，也为自己，写下了一篇两千字左右的文章——《每个人，一颗星》。当"最后一课"到来时，我利用最后七八分钟，对学生说："今天是最后一节课，我准备了一篇文字，读给大家作纪念吧。"我读时，教室里静得如同旷野。

今天，在你毕业前夕，我想告诉你的是，无论你上的是一本、二本、三本，还是专科，那不外乎用几个学科的成绩来衡量你，也区别你和别人。你信吗？服吗？

每个人生来都具有无数个侧面，任何一种划分方法都是相对的，而且往往是蹩脚的。你千万不要被羁縻住。一个人的全部能量与能力，区区几张卷子就企图加以窥测，其手段之幼稚与拙劣估计连上天都会发笑。

无论如何，相信吧，相信你是一颗星，独一无二的星。而我，总相信并期待你的闪光。

我所谓的"闪光"，首先是你要生活得适意，过自己真心想过的日子。活着，不管怎么说，是一件最自我的事情，唯有你才能切身地感受和准确地裁判自己幸福的浓度。没有人可以替代你感知生活的冷暖，因此，没有人能替代你定义自己的人生。无须向谁做任何申请注册，你就是唯一的存在，唯一的主人，在太空中绽放唯一的光芒。

每个人，一颗星。当我瞭望宁静的苍穹，在我心底的视网膜里，所有的星，永远不分大小强弱，无论贫富有无。他们叫张三李四王五，他们的祖宗是帝王将相或流氓乞丐，都无关紧要。他们只有一个共同的名字——星。只要星星不沉沦，不堕入人性恶的深渊，能照亮自己，又点燃夜空，我就看得到，我就会久久地注视，并且满怀敬意。即使夜再黑，我也看得见，因为"天空越暗的时候，越能看到星辰"。

两个月后的今天，重温这些文字，心依然颤动。我不敢自诩写得多好，至少"真诚"二字还是有的，一名教师的期待和情感是深的。也不敢奢望学生因这"最后一课"而获取什么，但希望我的努力能弥补他们漫长求学路上的某个空白和遗憾，并在作别校园时，知道还有老师记挂着他们（哪怕他或她在某些老师眼里是个平庸的学生），就像我当年一样。

最后一课，不该是"最后一课"。我甚至祈望，我未来所有的最后一课，都成为学生进入人生另一课的开始。

2010 年 8 月

"那就摸摸书吧"

本学期，我多承担高一一个班的语文课。这是个年段的普通班。学校依据中考分数，将学生分成三个层次的教学班。普通班，顾名思义，就是成绩中等的班级。

学期初，学校研究人事时，我曾要求在第三层次的班级——慢班任教。这与其说我风格高，不如说是我的"私心"：我中学时代基本在慢班度过；高考也是从慢班考上大学的；从教的前三年，一直教慢班，并担任班主任。总之，对慢班，我有一种莫名的亲切感。况且，已经16年不曾接触这类班级，还有点儿神秘感呢。可惜，大家不赞成我的请求，美其名曰"不要浪费好师资"。

第一节课，我就感到气氛有点儿不对劲。这节课，我还不敢上新课，仅给他们读点儿课外美文。每一届我都这样做，学生也欢迎。第一节课嘛，师生先熟悉熟悉。至于哪里感觉不对劲，一时也说不上来。我课后反思：大概因为我介绍的文章偏难，他们无法接受吧。

一周后，课堂上出现杂音。一天天地，杂音越来越大，变成噪音。我三番两次提醒学生，但仍刹不住。我怀疑自己上课存在问题，毕竟层次不同的班级，学生的学科知识和能力落差也大。我不断调整教学内容和教法，有时，不同班级，同一篇课文得准备不同的教案。这样上课当然不轻松。

  两周后，少部分学生的学习态度令我咋舌。他们把课本摊开放在桌上，双手插在兜里。我偶尔选些容易的题提问，他们也报以沉默。信手翻开他们的课本，洁白如新。暗暗询问年段的其他老师，他们摇头说道："这有什么奇怪的？每个班级总有这样一批学生，不是来念书的，是来'学长大'的。"这我知道，许多扩招来的学生中考分数低到无法形容的地步，连起码的基础都缺乏，如何听课？不少老师只期望他们能安静地坐在教室里就心满意足了，还敢奢望什么？不过，我教的可是普通班，清一色是正取生，如此情形太让人匪夷所思。老师们又感叹："你的班级还算好的，如果你教慢班，就知道厉害了。学生一届不如一届了！"

  也许是吧。我16年不接触慢班，虽然其间当过9年段长，和各类学生打过交道，但具体课堂上的面对面交流竟是没有，对于学生的改变，我的确不了解。

  有一天，我走进教室，讲台上多出一把凳子，很眼熟的实木凳子。大概是上节课的老师留下的。我说："看到这个凳子，我有些感触。我讲讲凳子的故事，好吗？"他们的好奇心被提起来了。"去年，我教2010届的某班，这届学生是大家公认的有史以来成绩最差的'尖子班'，因为尖子生几乎被外面私立学校挖走了。但在我眼里，他们是我最喜欢的学生，也是最优秀的学生。就说这个凳子吧。有一次，我扭了脚，第二天瘸着来上课，讲台上已放好一把凳子，以后一段时间里每天都这样……

几天后,我慢慢地在路上踱着,班上的学生见了,停下自行车,问:'老师,我来载你好吗?'这样感人的细节有很多。"

他们终于能静静地听了。我继续说:"我想,一个对老师如此体贴的学生,当他回到家时,也一定会经常为他爸爸无声地搬来一把椅子,会在妈妈感冒的时候,说声'妈妈,你休息一下'。当他将来走上社会时,他也会成为有爱心和责任感的人。这样的人,或许他学习成绩不太好,却是我心中最好的学生。"

说完,我立即上课。这节课,出奇的安静。

几天后,我提早前往教室。走廊上有几名学生,远远看见我,准备溜走,被我喊住。我问L:"平时看书吗?"他正迟疑,旁边的同学替他回答:"有,整天都看——武侠小说!"几个人一起哈哈大笑。我说:"好啊,上中学时我也爱看武侠小说。这有什么可笑的?不过,现在是高中生了,要尽量提高阅读品位,读点儿更高级的书。"L红着脸,唯唯诺诺,一听上课铃声响,赶紧逃进教室。

这节课内容不多。我留下十来分钟,对他们说:"剩下的时间,我们来欣赏一两首短诗吧。"我拿出漂亮的诗集,读了一首,然后稍作解释;再读一首,再解释。读诗的过程中,我脑子里不停地重现大学一年级时当代文学老师上课时的情景。那天我们学舒婷的诗,年轻的薛老师兴致高昂地说:"今天我要给同学朗读舒婷的长诗《会唱歌的鸢尾花》。我普通话不标准,朗读得也不好,希望有位女同学来和我一起朗读。"

估计快下课了,我合上诗集,问:"同学们再看看这本诗集的封面,美吗?""美!"大家回答道。我走下讲台,在狭窄的课桌间穿行,一边把书放到胸前,不停翻动。学生纷纷抬头张望。我索性把书伸到一些同学面前,说:"你们摸摸,舒服吗?"

他们小心地触了一下指头,又缩回去。我慷慨道:"没关系。打开来,里面是诗,是灵魂。"有人打开后又匆匆合上。

我走到爱看武侠小说的 L 面前,问:"美吗?"他害羞地笑笑,小声说:"我看不懂。""没事,慢慢来。你可以先摸摸书,要不,抱一抱也行。"大家笑。L 终于接过书,摸一下封面,接着打开……在一串愉快的笑声中,下课铃声响了。

此后,教室里的噪音便渐渐少了些。

2010 年 12 月

你的"春心"醒了吗

寒假一过,新学期在春天里忙碌开来。

今天的课安排在上午第一、二节。我从容地穿行在树木葱茏的校园,晨光点亮了树梢。初春特有的清新、湿润的气息,浮动在每一个角落里。路旁的草地,透出几抹若有似无的绿意,不经心是觉察不出的。这一切,让我感受到四季轮回之美、生命之美。我的步履悠闲而有力。

预备钟刚敲响,我在讲台上等候学生们进教室。蓦然,有种东西在远处吸引我,我忍不住窥探朝南的窗口。窗子斜对着两棵木棉树,站在讲台上,刚好触目可及。此时的阳光将树上下笼罩住。小小的花苞,像无数个红酒杯,挂满树梢,瞬间心底斟满了温暖。

"同学们,你们知道校园里有两棵木棉树吗?"我问。

"知道。""不知道啊。"他们唧唧喳喳,有些人把头扭向窗外。

"不知道也没关系。我告诉你们,木棉树已经长出花苞,很快就要开花了。"我说。

看着学生或惊奇或茫然的脸,我放下备讲的课文,转而问:"春天来了,你们发现了吗?"

"发现了。"有些声音。但多数人的脸依然茫然。我临时决定,继续"聊下去"。

"好,我再问大家一个小问题:你是否发现春天了?如何发现春天的?自己主动站起来说说。"等了10秒钟,没人起来回答。这个小学生最喜欢的问题,对眼前的高中生似乎变得很有"难度",他们在竭力搜寻答案。

"难道春天来得一点儿踪迹都没有?大家打开心灵,回忆这几天的生活细节。"我提示。

还是一片沉寂,和平时的课堂有些不同。莫非他们觉得这问题太小儿科,不屑回答?

我只好点名——一个成绩中上的男生Y。

"好像还没感觉出来啊。"Y困惑地说,带着几分尴尬。

我接着请班长R。"有发现的。前几天,学校宿舍里突然觉得蚊子特多,嗡嗡嗡……"大家笑,我也笑。"没错,春天到了,蚊子会骤然变多。蚊子也是春天的'信使'啊。"我既表扬又调侃道。

终于,几位学生陆续主动回答了。

S说:"我家屋檐下的燕子,那天突然回来了。"

R说:"上周日,自己去老家田间走走,看到庄稼都绿了,嫩嫩的。"

Z说:"我家门口的一棵桃树整个冬天都没动静,前天就开花了。"Z是主动回答问题的唯一一个男生。

……

渐渐地,班级热闹起来,我也受到感染而快活起来。我对这群十六七岁的大孩子说:"大家谈得很好,每个人发现的春天都与众不同。我也讲讲我的发现吧。那是三四天前,清晨6点多,我从开发区散步回来,走到家后的小街,一抬头,猛然觉得今天早晨有点儿异样:四周静得出奇,几只鸟脆生生地鸣叫,声音比平时都清澈、透亮,空气没了昨日的干燥,淡淡的朝雾仿佛蓄足了看不见的水汽。我情不自禁深呼吸,一股清凉沁入肺部,随即扩散开去。我顿时意识到什么,脱口而出:'哎呀,我的妈呀,春天来了!'"学生们大笑。

我继续说道:"说来惭愧,这似乎是我第一次捕捉到春天。看来,我活了大半辈子,心灵始终睡着,感觉不到春天的存在。这半生,大部分算白活了。不过,我可不希望你们像我一样。大家都是文科生,所谓文科生,就是'为文字而生'的人,更要有一颗敏锐的心……"

说完,一节课已经过去了15分钟。

可上完"发现春天"这15分钟的课后,我心中有说不出的沉重。眼前的年轻人,犹如装在笼子里的鸟,为了中考高考,被迫远离大自然,被卷入无尽的课业当中。年轻、敏感的心,因此退化得迟钝、麻木。十六七岁,本该属于春天的,春天也属于他们。不,他们就是春天本身。可是,他们和春天,隔绝得如此遥远和陌生。

去年,一位在北方念大学的学生M,星期天早上突然给我来电话:"王老师,我跑到公园里来,这里好静啊,我请你听听鸟的鸣叫……"M是我上一届的学生,因第一年高考成绩低,第二年补习后才考上。上大学不久,她曾很苦恼:"舍友们都在尽情地玩,可我每天总往教室跑,我不舍得浪费时间,也不知道该怎么玩。"M一直是个非常勤奋的学生。我安慰她:"那是两年高三紧张生活的惯性运动，要有意识放慢生活的脚步。大学时光，除了学业，还得学会享受青春，学会欣赏周围的人和生活。"后来，她还常来电话，聊些事，我觉得她已逐渐走出过去生活的阴影。

　　作为普通语文老师，我胸无大志。但我希望，我所有的学生，能知道并记住母校里有两棵老树，年年开花——"令人焦灼的奇异"的花。

　　那树叫木棉。那花开的季节，叫春天。

2011 年 5 月

"失陷的"语文课

5月中旬,高考复习正在如火如荼地进行。扣除模拟考、温书假,语文课就剩六七节。有点儿轻松,有点儿遗憾,又有点儿茫然。今天的课,除了处理昨天剩余的试卷,似乎还得做些什么。我顶着沉沉的脑袋想。为什么不读几首阿多尼斯的短诗呢?是啊,一个多星期来,持续讲评试卷、赶进度,都不曾读书了。

走进教室,我在圆凳上坐下。每回读书,我都喜欢正襟危坐。今天还有些累,因为昨夜家里的事。

我掀开茶杯盖子,一股岩茶的浓香铺开在洁净的讲台上。我取出一叠"高考名言名句"资料,取出几张试卷,最后是精装的阿多尼斯诗选。教室里有些眼睛开始发亮。

铃声响过。我说:"好些天不读书了,今天我们先朗读几首诗歌,好吗?""好!"学生们喊着,坐直身子。几个人鼓掌。我很满足。相处已整整三年,看来,他们都被我教"坏"了。想当初,对我动辄朗读"一些无用的文章"的举动,他们怀着好奇,渐渐地变得怀疑乃至不屑不愿(据说,担心影响高考),

后来，是喜欢。——倒是我每每"适可而止"，毕竟他们还要高考。高考，需要另一种学问。

我炫耀般地把阿多尼斯的诗集举过头顶："喜欢这黑色的封面吗？好。算你们有眼光。再看照片，一个老头，他，就是叙利亚著名诗人，阿多尼斯。""阿多尼斯"，有人小声重复。

我开始读。都是两三行的短诗——

我的孤独是一座花园，
但其中只有一棵树。

我们村庄的树木都是女诗人，
把笔插进天空的墨水瓶。

是的，光明也会下跪，
那是对着另一片光明。
……

不作任何解释，只轻轻读，慢慢读，一种近乎舍不得的心情。有时重复。有时，情不自禁感叹："是这样的啊！""哈哈，舒服！"有时，傻笑着喝口茶。

读罢一小节，寂静中常会传来"啊"的声音。我知道，一些年轻的心，正被阿多尼斯击中。

约莫10分钟，我打钩的几十首短诗念完了。"好，结束了。"我宣布。"再读吧！"他们建议，像往常一样。但这次，似乎要求得特别坚决。"可是，我只准备读这些啊。"我慌张了。我还惦记着未完成的试卷讲评。我看着他们热切的脸，再看看手中的阿多尼斯,似乎想从书里找到答案。终于,我投降了:"要不,再读这首《外套》吧。"

> 我家里有一件外套
> 父亲花了一生裁剪
> 含辛茹苦地缝线。
> 外套对我说:当初你睡他的草席
> 如同掉光了树叶的树枝
> 当初你在他心田
> 是明天的明天。
>
> 我家里有一件外套
> 皱巴巴地,弃置一旁
> 看到它,我举目打量
> 屋顶、泥土和石块砌成的土房
> 我从外套的窟窿里
> 瞥见他拥抱我的臂膀
> 还有他的心意,慈爱占据着心房
> 外套守护我,裹起我,让祈望布满我的行旅
> 让我成为青年、森林和一首歌曲。

  读完上节,我停下,忍不住唠叨:我们每个人年幼的时候,都"如同掉光了树叶的树枝",赤裸裸地躺在父亲温暖的怀里,是父亲心中"明天的明天"。

  念完下节,我正欲开口胡言,突然,让什么噎住了,双眼迅速潮湿。课堂静悄悄。

我低下头，沉默。然后，对着洁白的讲台说："我们……我们就读到这里吧，大家先看看发下的名言名句……"

我更低下头，偷偷用大拇指抹去两颗泪。

一会儿，我抬头道："同学们，刚才我失控了，抱歉。"停顿一下，我觉得还应该说些什么，便又鼓起勇气："阿多尼斯的这首《外套》写得太好了……就在昨晚，我父亲突然生病去医院。他生病吃药，药物起了副作用，无法自行排尿，必须马上实施人工导尿。大姐夫和我把父亲搀进急诊室后，我去办理相关手续，回来发现父亲已躺在床上，褪下裤子。瞥见父亲的下身，我下意识地掉转目光，转身走出来。就在刹那间，一个念头划过我的脑海：这是我父亲，这是我父亲的下身，没错，它已经衰老，非常丑陋，但是，没有它，怎有我的生命？有我的一切呢？它是我生命的源头，它是美丽的。不，父亲身上的每个器官都是美的，即使掉下的一根白发，也像太阳光线一般金灿灿……于是，我迅速走回去，站到父亲的身旁。同学们，今天，我似乎才真正懂得父亲的意义。"我有些语无伦次。

"同学们，你们马上就要高中毕业了，再过几年，有可能为人父母。你们每个人的上面还有自己的父亲、母亲，我希望大家都能体会我今天的感受。我对父亲的理解太迟了……"

下课铃响了。我坐在圆凳上喝茶，为刚才的"失态"与"失陷"耿耿于怀。一向痴迷于古典文学的丽娜上来，不容商量地借走诗集，理由是"要抄里面的几个句子"。喜欢画画的欣莹问："老师，这书名是什么？我要在网上买。"

出了教室，鸿敏将我堵在走廊里："王老师，毕业前，你送我一本你认为适合我的书，好吗？最好是外国的……"

我盯着这个人高马大却满脸书卷气的年轻人。这个年轻人，读过许多书。这个年轻人，曾告诉我他的梦想很多又很远。我快乐地回答："好，我记着！"

走下楼梯，内心的不安彻底消散。我觉得，这是我多年来最失态的一节课，也是最值得记忆的一节课。

猛然间一个念头闪过：哦，再过十几天，学生就毕业了，我再也不能为他们读诗了。

2010 年 5 月

那年教师节,我学会了流泪和鼓掌

35岁那年,我获得一个级别相当高的官方嘉奖。

教师节前一星期便接到通知,到某大城市参加颁奖仪式。我自然兴奋,既可闪亮登场,又可借机免费旅游。临行之际,我按通知要求前去购买白衬衫和深色领带。说实在的,我结婚时都不曾买过如此贵重的衣服,况且我不喜欢白色的上衣——尤其衬衫,心里总觉得不舍。妻子说:人生只此一回,花再多的钱也值,过后不愿穿,就留着做纪念。我咬咬牙买下了。

到指定的城市,入住星级酒店。这是我第一次踏进高档酒店。当晚,我们所有领奖人,被召集传达第二天的会议安排及有关注意事项,一再强调下午某位部长级领导将莅临接见全体优秀教师并作重要讲话,大家务必做到……为我们开会的几个负责人,看样子压力不小,他们把一天活动的每个环节都做了极其细致的交代,包括如何走上台领奖、如何走下台等,可谓事无巨细、一丝不苟。我对会务组如此精心的布置与郑重其事的交代甚为钦佩。

第二天一早,车子接我们到会场。会场装饰得喜气洋洋,到处涌动着红色的海洋,四处张贴悬挂着"向人民教师致敬"之类的条幅。我们被逐一披上绶带,上书"人民教师无上光荣"字样,并被安排在前三排就座。我从未如此逼近舞台,感觉有些晕眩。

报告会开始了。几位模范教师先后上台。他们在台上慷慨激昂,我与不少同人在台下泪流满面。一位在贫穷小乡村坚守了几十年的老教师说,因为上课,耽误了送孩子求医,导致孩子终身残疾;一位女教师说,因为工作太忙(上级不断来检查工作),腾不出时间陪丈夫去医院体检,丈夫患癌症去世;还有更惨的,我至今不忍说出。几乎每位模范教师的背后都有一连串催人泪下的悲情故事。可我的泪水还为另一种情感而流,那是一种无以名状的百味交织的情感。当时两眼全是泪,模糊了视线,又没勇气抬手擦去,情形异常尴尬。说真的,除了大学时陷入情网,大量地流过一次泪外,往后再也没有过。这一次,猝不及防地,我流泪了,以这样的方式。当模范教师一个接一个倾诉完,掌声一次接一次在红色大厅里轰响。

流过泪,步出会场,大家又被召集到一间大会议室里,说是"排练"。我以为得临时参加什么演出,后来才听到通知:下午两点半,某重要领导要来接见优秀教师代表,大家预先站站队。于是,上百人乱哄哄地排队,又分成几排站到事先备好的台阶上。这期间,大家免不了一番中国式的你推我让。此时,我方懂得,除了第一排椅子有尊卑之别外,后面一大堆"站着拍照"的人,也有等第。比如,站第二排和第三排的人,其位置的重要性就显然不同。即便同样在第二排,站中间的与站在两个边角的又有所区分:站中间者,靠大领导近些,能沾到灵光;站两边角者,多少有些"被边缘化"。

单单排队、站队就花了近一个小时。我发现一些年纪大的老师,已露出疲惫之色,我颇为同情。但他们似乎不介意,依然累并幸福着。突然,我看到一个似曾相识的"地中海式"的大脑壳,原来,我无比尊敬的某位大教授就站在那里。刚才听到有人喊他老人家站到前几排的,莫非他没去?

正纳闷儿,会务组负责人说话了,要大家下午提前一个小时进场:"大家务必精神抖擞,面带笑容,让领导看到我们优秀教师的风采。"接着,他笑着提议:"来,大家先练习一下鼓掌。"大家笑了。他趁热打铁道:"对了,就是要笑一笑。来,大家笑一笑。对了,再笑一笑,好的。接下来,请大家鼓掌。大声点,不够,再用劲些……很好!很好!就这样!下午领导进场时,大家一定要按照刚才排练的去做。"大家鼓掌时,我的眼睛鬼使神差地瞄向熟悉的某教授,这位 20 年前在我眼里个性张扬的教授,居然也一次次随众人举起手臂、摆动手腕。当然,我更是一个劲儿地微笑再微笑,鼓掌再鼓掌。

下午,我们像赴喜宴似的准时来到小会客厅,按指定的位置驾轻就熟地列好队。因为时间还早,会务组负责人又建议大家再练习两三次鼓掌。终于,一片鼓掌声中,领导在一群人的簇拥下,沿着红地毯款款地朝我们走来。掌声轰然。领导笑容可掬,和蔼可亲,使我一时感到所有的微笑练习和鼓掌练习都是多余的。

他说他曾经当过教师,算是我们的同行,他理解我们的艰辛,他告诉我们甘当人梯的光荣和责任……

他是那样温和、那样诚恳、那样朴实无华,他的话差点儿又一次夺走了我的泪水。于是,我一次次用力地鼓掌。

2009 年 9 月

一种名叫泰戈尔的树

我常遇见泰戈尔，印度那位大白胡子的泰戈尔老头。每棵沉静、优美的树，总重叠着泰戈尔的影子。在我眼里，世界上没有一棵树不美，除了被豢养在私家庭院里的盆景树。盆景树和泰戈尔无关。

我老家在农村，屋后靠山，山上除了白云、石头，便是树，对于树，有一种本能的情愫。多年前，翻阅《飞鸟集》，发现多处散布着对树的描写。我统计了书里提到"树"的诗句，一共15处。我抄录默诵，至今仍然张口即来：

绿树长到了我的窗前，仿佛是喑哑的大地发出的渴望的声音。

埋在地下的树根使树枝产生果实，却并不要求什么报酬。

群树如表示大地的愿望似的，踮起脚来向天空窥望。

阴雨的黄昏，风无休止地吹着。我看着摇曳的树枝，想念万物的伟大。
　　……

　　发光的诗句，像一缕缕晨曦透过树叶，散溢着绿色的淡香。当我行走在人生迷惘、苦闷的雾霭中，诗句常化作心灵深处的手，给我抚慰。而当我浑身充满喧哗的时候，诗句更是我灵魂的伴侣，我大声地念，轻轻地念，默默地念，或一笔一画地抄写，恍惚间身体站立起来了，双肩不停地长出枝干、吐出叶芽，越来越茂盛，终于抱住一角的天空。我一次次摆脱喧哗的侵袭，仿佛成了大地的一名祈祷者。

　　那年高三，炼狱般的苦读使我的学生变得躁动。我停下试卷讲评，默默拿起粉笔，在黑板上写下——

　　安静些吧，我的心，这些大树都是祈祷者呀。
　　静静地坐着吧，我的心，不要扬起你的尘土。
　　让世界自己寻路向你走来。

　　写完，我面朝黑板，轻声读，一遍、两遍、三遍。此时，教室里静如黎明，听得到窗外两株木棉树的私语。
　　世界上，只有两种生命是笔挺地生存着的，那就是人和树。而在人与树之间，定然存在某种神秘的感应。上高中时，和母亲去自家责任田里劳动，我攀住一株芭乐树摘果子吃。母亲笑笑说："尽量多吃些，明年可就没得吃了。"我不解其意。母亲指指对面的一排芭乐树说："看到没有，那些芭乐都枯死了，咱家这棵也活不长了。"我说："咱家的芭乐树长在水塘边，怎会枯死呢？"母亲说:"它们会'相看'而死的,不管隔着多远,只要互相能看到,一方死了,另一方也会死去。"我觉得荒诞不经。第二年,我家的芭乐树竟然枯死了。年少的我震撼了。原以为,世间最多情的生命,是相思树,是人,或者是"天南地北双飞客,老翅几回寒暑"的大雁,其实未必。"欢乐趣,离别苦,就中更有痴儿女。"芭乐树乃真正的"痴儿女"。

前几天,一个学生在周记中写道:"教学楼边有两棵树,一棵叫爱人,另一棵也叫爱人。……风风雨雨中,他们永不分离。"十几岁的高中生,眼里的木棉树,弥漫着风花雪月的气质。

我早已逾越将两棵木棉当作爱人来联想的妙龄。在我心中,两棵木棉树更像我思想与情感上的依傍。17年来,他们陪我走过无数个朝夕。他们挺拔昂扬的存在,使得我的天空不被压缩、扭曲、分割,始终敞阔、明亮。

世上几乎所有花的绽放,都离不开绿叶的陪衬,除了梅花和木棉花之外。梅花虽堪称冰雪英豪,但和六层楼高的木棉相比,太落寞、太谦卑,犹如穷则独善其身的古代隐士,躲在梧桐下、菊花旁、竹林间,低回,伤感。

木棉不是这样。

春天来了,夜雨一过,她就把硕大的花朵,无保留地呈现给苍穹。每朵花朝上,红色的酒杯盛满跳跃的向往。天空里除了飞鸟,除了风,无人欣赏她,但她我行我素。她不受任何格局的约束与收买,狂野放纵,却又不失从容、执着。没有谁的手可以直接触摸到她的花朵。哪怕见她一眼,都得吃力仰起头,要么站得老远。她的美如此尊贵,尊贵得只属于蓝天和白云。

今天,我驱车经过某座荒废的公园,突然右前方燃起冲天的红光。一扭头,满眼木棉树!十几棵巍峨的木棉一字排开,远望去，像一盆盆旺烧着的火炉。我急忙拐弯，朝她们的方向而去。在她们的怀抱下，我停下车。路上车水马龙，谁都无视她们的存在。小美小丑总热闹，大美却无人知——也无须人知。红色的光芒覆盖了我，我享受并感念着上苍慷慨的赐予。

  陶醉中，我突发奇想，我要给木棉树及所有使我感到美好的树，取一个共同的名字。好，那就都叫泰戈尔吧。

2009 年 4 月

我宽恕，但永远牢记

"当当当……"一阵急促、刺耳的钟声响起时，我刚走到教室窗口，瞥见里面人头攒动，突然一折身径直往家里狂跑。那钟声、人头、环境，使我惊恐无比。莫名的恐惧与强烈的不适感，便是我对人生第一堂课的记忆。这种感觉伴随至今，每到一处新环境，我都无端地惶恐。

还好，我和邻居男孩同桌。课堂上两人常做小动作，还发生过争执。年轻的女教师林，走过来，高举竹条，抽在同桌身上；复举手，我身子本能一闪，头碰在窗框上，可林老师的竹条并没打下来。林老师，既瘦又凶，是城里来的，教完我们一年级后就调走了。30多年过去了，她的面目在我记忆中仍然清晰可见，尤其每逢别人夸我一口不错的普通话时，我就立刻想起她——林老师，我的启蒙老师。

五年级，一位男代课老师教语文兼班主任，也来自城里，也姓林。他很偏心，村干部的子女，念书好的学生，他才瞧得上眼。不过他教学认真，初考前他组织我们早自习，每天早上6点半就得到校，而他骑自行车从3公里外的县城赶来。

印象较深的，是他独创的一套惩罚学生的办法。他不批评也不打鞭子，而是叫你伸出手，在桌上竖起来，像扳手一样的姿势。他双手抓住你的手掌和手腕，将你的手掌一点点往下压，再往下压，直到你眼泪涌出来。他一边做动作，一边盯着你瞧，一双浑浊而大的眼睛，却满含笑意，有时还轻声问："疼吗？还敢吗？"此时，你已经疼得连话都说不出了。他宣称，这种惩罚只让人疼痛，却不必担心伤及骨头，没事的。至今，我仍无法证实他的话是否科学。但是，那双含着笑的眼睛，我一想起，依然不寒而栗。上高中后，我曾在县城的闹市发现他在摆象棋赚钱。据说，他的棋艺是一流的。不知为什么，我从没有和他打过招呼。这20多年来，就再无他的下落。有人说，他早得肺病去世了。我听着，一顿难过。

我从来不打招呼的，还有另一个老师。他姓王，我的本村同乡，是学校里出名的火暴脾气。我曾经犯错，被他提着回家，饱受父亲一顿毒打。那是父亲揍我最残酷的一次。我没被打残，算是幸运。

一次，有同学冤枉我一件事，我据理力争，但一人敌不过众口，我一急，脱口而出一句粗话。全班霎时安静下来。数秒钟后，他突然大声命令："放肆！你们大家都朝某某吐唾沫！"我尚未反应过来，已被许多小脑袋围成一圈，唾沫如雨点般飞来。我右手本能地扯下帽子，发疯地挥舞起来，像驱赶向我袭来的蜂群……

放学后，我独自躲在教室前的菜地里，用帽子一点点擦去头上、颈上、身上的唾沫。我没哭。当我失魂落魄地回到家，祖母盯着我的后背，问："阿孙，你身上的水迹哪来的？"我支支吾吾走开，拐入小巷，终于野狼般惨叫起来。这一瞬间，我长大了，懂得了什么叫耻辱、什么叫仇恨。

我从此没跟他打过招呼。不久，我们换了另一位好脾气的老师。

再见到他，是高三的时候。深秋的傍晚，我站在家门口，看见已显得苍老的他正十分吃力地推着两轮板车，上面堆满炉灶、桌椅等杂物。我一阵酸楚，突然走过去，双手扶在板车沿，帮着推上门口的山坡，直到村口。他似乎告诉我他一家搬到县城了，这是最后一车家具。我目视前方，始终一声不吭，内心却交织着痛苦的火焰。回来后，我愤怒自责："我这废物，我这贱骨头，我为什么还要帮这种人推车？"此后好多年，我没再见过他。

小学时的"唾沫事件"，成了我最渴望忘却却又最无法忘却的记忆。它像一道无形的伤口，洞穿我的心灵，多少年来一直淌着血。我除了大学期间在《福州晚报》的某篇豆腐块文章里轻描淡写地提及它，始终把它腌渍在灵魂深处。我不止一次地想，为什么我偏偏迷恋教师职业呢？冥冥中，仿佛有一种潜意识或者幻想：我要去补偿当年自己缺失的爱，或者，那个可怜兮兮的三年级小学生王木春，还屈辱地蜷缩在阴暗而破旧的乡村教室前的菜地里，等待着我走向他，伸给他手，给予他宽容、慈悲、快乐、光亮，以及做人的一点尊严。

许多年，我受伤的心灵从未恢复过，我内心的仇恨不曾消释过。直到四年前，在一家饭店里，我邂逅了他。他喊我的名字，我愣住了……

他说他几年前退休了，如今在店里帮子女打理生意。他还高兴地向其他客人介绍说，这是我学生某某。他那样苍老，不复有当年的一点凶悍影子，连眼神也是柔和的。告别时，我小声地说:"王老师……"

他没有听见。我估计他已不记得当年的事了。

"王老师"三个字,我毕竟叫了,但那是在我深味过 15 年的教育甘苦之后,那是在我走过一半长长的人生路、读过许多美好的书之后……

2009 年 10 月

只记得这样的第一课

22年前,我考取师范大学。军训结束后正式上的第一节课,仿佛便是思想品德课。那是盛夏的下午,阳光烤炙着窗户上的铁条,阶梯教室里插满全年级170名新生。

上课的是一位不满30岁的年轻老师,姓李。李老师容貌清癯俊朗,棱角分明,却不是英俊的那种。思品教材,我课前信手翻过,兴味索然。书中也大谈人生观、爱情观,可近乎老生常谈,即便我一个乡下人,也颇感背时和迂腐。书包内揣上一本闲书,随时应付无聊。

"我上课不按课本。课本,你们可以不带来。……先问大家一个简单的问题。"自我介绍完,李老师开始授课。这开场白倒新鲜。我把闲书放回抽屉。

"你们到师大来也好几天了,每次出门去市里都必须到校门口乘坐20路车。福州这个城市的特点之一就是公交车非常拥挤。你们一定已发现了一个奇怪的现象:等车的人极多,可大家从来不排队,车子一到,一拥而上,扎成堆、挤成团。同学们,你们说,你每次乘车,是耐心地排队等车,还是和其他人一样,奋不顾身地往车里挤呢？大家先思考。"他说了一大堆话后，终于抛出问题。

这问题，现在看来，是小学生都知道的常识，简单得近乎可笑。但是，当时在场的每个人似乎都让这个问题给难住了。好长时间，大家鸦雀无声，更不敢主动回答。忘了李老师是否提问了，只记得他下面的话：

  同学们，如果你想永远不上车，你就一个人愣在那儿排队吧。因为大家都不排队，你排队只有这唯一的结果。所以，我大声地告诉你们，你们要理直气壮地跟别人战斗——挤车。不必顾忌，也不要相信什么"上车排队"一类的大道理，否则，你永远上不了车。当然啦，如果多数人排队，你也排队……

"我们师大毕业出去的学生，社会上的人称我们什么，你们听说过吗？"对他刚才的话，我们尚未回过神来，他马上抛出了第二个问题。随后，他自问自答："一个字——狼。我们师大的毕业生一个个都是狼，狼！狼是什么？"他在黑板上写下"狼"字，回过头自豪又意味无穷地笑着，可惜他没有继续发挥下去。

那时，傻乎乎的我根本不懂得狼的寓意，对狼的全部理解仅限于"东郭先生和狼"的故事，反正狼就是很狡猾、很可恶的坏东西。师大毕业的学生怎么会是狼呢？我迷惑。但听老师的口气，又觉得狼并不坏。

毕业后若干年，我方明白狼大抵就是那种敢于竞争、适者生存的强者形象。我忆起李老师当年的话，再审视自己以及左右一大帮校友及师兄弟，身上似乎毫无狼性可言，在学校中的

"位置"也不过尔尔,不禁莞尔。我心想:那位我曾经颇为崇拜的思品老师,大概也有说错话的时候啊。

22年前那个火热的下午,当思品老师掷地有声地告诉我们"跟着战斗"的答案时,我们还是被镇住了。而我,隐隐感到心底有什么东西被无声地粉碎了。虽然几天前我已不再相信所谓的排队,几次出门也没排过队,但在之前几秒钟,我喉咙里还卡着唯一一个答案:"排队,当然排队。"因为小学时老师就教育我们,上车要排队,就像买东西要付钱一样的理所当然。后来,我疑心小学老师根本没坐过城市里的公交车。

事实上,刚到大学的第一天,我已"见识"了这种现实。老乡带我出外遛遛,在校门口我开始寻找排队的地方,老乡猛然间二话不说拽起我的手就直往前冲。且不说车子还没到,即使车来了,也还是要排队呀。我感到不可思议。被押上车后,老乡才喘着粗气道:"木春,公交车是不会开到你身边等你上去的,要坐车,就得这样主动地冲和挤。"老乡毕竟是中文系的,"冲""挤"两个字,锤炼得极精准,又善于触类旁通。第二天,我和舍友出校门,看到公交车远远爬来,略一犹豫,便条件反射般地开步冲过去了。

我想,像我这样三两天内被改造过来的人,为数一定不少吧。20世纪80年代,人心还没那么"坏",而我们都是从传统的教育模子里出来的,满脑子纵横着书本上的条条框框。除此,脑子里最大的一条鸿沟就是,有些事的确"这样做了",但绝对不敢公开扬言,与其说这是羞耻之心尚未泯灭,毋宁说,这是我们的虚伪。因此,这一天,在空荡荡的大教室里,思品老师当众揭开真相,才感觉那样惊世骇俗。而此前在我的心目中,教师的嘴巴从来只会吐出莲花般的冠冕堂皇的话语。至少,像思品老师如此真实的老师，我还是第一回遇到。

临下课，思品老师布置了一道题，大意是："你对大学生谈恋爱有何看法？"他强调，下节课，请大家交流看法。"谈恋爱肯定是不行的，会影响学业，教科书里明明白白写着的。况且辅导员刚刚宣布过，学校规定大学生不许恋爱，一经发现要受处分。"我一时有些纳闷，可也暗暗喜欢上这位老师了。

从小到大受教育十几年，接触过的每位老师都给了我第一节课，如此一算，经历的第一节课将近百节了吧。然而，时光流转，迄今我所能忆起的，似乎唯有大学思品老师的第一节课。我偶尔琢磨：为什么这样一节简单的课，会跨越时空盘踞我脑海20多年？这其间蕴藏何种教育学的意义呢？

当我为人师十几年后，当我的四周遭遇谎言的冲刷而纷纷崩塌，当我正日甚一日地变得卑怯时，我越来越感到，作为一名普通教师，在学生面前能做到"真实"二字，是多么不容易。哪怕李老师的有些"真实的观点"我未必认同，但这无关宏旨。一个人求学于学校，不是来接受所谓的"绝对真理"的灌注，也不仅仅为赚取几麻袋干巴巴的实用知识，以便将来出去谋生，而是培养他直面现实、质疑生活、探索人生、表达心声的智慧和勇气。可惜，如今像李老师这样的人已日渐成为校园里的"稀有品"。于是，我禁不住怀念起那个时代，属于我们这一代人全部青春记忆的那个时代——20世纪80年代，以及那些人、那些事，那些从灵魂深处带血蹦出的种种声音。

2010年6月

"猫头鹰"老师

大学一年级的下学期,系里开设了一门公共课,课程名字很长,叫"审美××阐释"。说实在的,虽然名义上为中文系学生开设,但我和大多数同学对所谓"审美"二字却闻所未闻。上课那天,我们两个班级80多个人,恭候在阶梯教室里,既好奇又虔诚,加上几分心不在焉地等候这位"审美"老师的亮相。

突然,在一片喧哗中,一个怪怪的声音从墙上的大音箱里冷幽幽地传出:"女士们,先生们,我们开始上课了——吧——""上课"加了重音,最后两个字"了""吧"又刻意拉得很长,带着浓重的鼻音,给人阴阳怪气的感觉。我立马想到电影《桥》中德国间谍"猫头鹰"的配音。

我抬头,一位戴眼镜的年轻教师,硬硬地挺立在讲台上,直对着学生,面无表情。有人说,他叫刘生龙。可他的外表,一点儿不像龙,一点儿不"审美"。这是他给我们上的第一节课。

这门课没有教材。刘老师发给我们人手一册讲义,油印的,大16开,很薄。但他上课并不按讲义走。

我一直怀疑刘老师忘了他眼前的这群年轻人是大一新生。他旁征博引，天马行空，一会儿钻进某本书里——当然都是我们闻所未闻的，一会儿跳出来，"联系现实"，指点江山，滔滔不绝，却又无关乎"审美"。听他的课，除了对那猫头鹰般的嗓音产生一点儿兴趣之外，我确实如坠五里雾中，不知所云，因此找不到几多趣味。从小就羡慕配音演员的我，心想，这位刘老师真乃大材小用，倘若去当配音演员该多好啊。同时，我又颇好奇，在神圣的大学讲坛上，他居然敢操这种阴阳怪调上课，不得不令人刮目相看。

他上课之怪，还体现在教学方式上。他时不时让我们阅读某本书后，待在宿舍里，各自捧着饭缸大口喝茶、聊天，美其名曰"分组讨论"。而讨论的问题更是玄之又玄。比如，关于文学中的"内形式"和"外形式"什么的。记得有一次，他还隆重邀请他的一位大学同窗来我们宿舍指导讨论。然而，不知是他的同窗学识欠佳，还是我们太笨，反正他的同窗绕了大半天，始终没法让我们搞清楚什么叫作"内形式"。要知道，我们这些 20 世纪 80 年代末进大学的人，上大学之前从未接触过任何文艺理论书籍，毫无根基。况且，从小接受惯了填鸭式教育，哪见过这等稀奇古怪的"分组讨论"？连听也没听说过。这种教法在当时看来也算非常超前。

一段时间后，有些同学私底下闹意见了。尤其在比较了隔壁班另一位老师的上课情况后——这位老师上课详细、有条理、深入浅出，更没让学生躲在宿舍里搞讨论，颇受学生欢迎。

不知是否为了"解释"，一次上课时他突然借题发挥："我们每个人，每天要讲许多话，一辈子更不知讲多少话。可是，你们知道吗，几乎所有的话都是空话、废话！"

我们惊异又疑惑。他可能看出来了,接着说:"你们不信?我们绝大多数人讲的话,都算自己的话吗?不,通通是别人说过的,我们只是重复别人而已。想想,这个地球上,那么多大大小小的人物,数以万计,能真正让你记住他们一句话的,有几个?你记住了恺撒大帝的哪句话?你记住了华盛顿说过什么?"教室里一片寂静。大家都陷入思考。我使劲敲脑门,竟然想不起一句名言来。

他把头颅昂起,挥舞着手臂,几乎一字一顿地高声嚷着:"我,刘生龙,所讲的,也全是别人的话。我这辈子,如能留下自己的一句话,留下自己的一种声音,我就不得了喽。"他边说边在黑板上用力写下"自己的声音"几个大字。

话音刚落,教室里掌声如雷。我不明白,大家鼓掌是因为他特立独行的言论,还是他近乎歇斯底里的表现。

不知为何,第二学期,这门审美课没继续开,换成什么文学概论。上课的是另一位年轻老师,后来相继有其他老师来任课。课堂上也讲"审美",但大多照本宣科,枯燥得很,让人恹恹欲睡。不过,我当时还是庆幸了一阵子,因为至少在课堂上我有内容做笔记,期末可以放心地考试,并且无须担心突然被提问到。

如今,20多年过去了,所有文学概论老师或美学老师我都忘了姓甚名谁,他们的面目在我记忆里模糊了,他们说过的任何一句话都被时光抹掉了。自然,刘老师教的那些美学知识,我半句也没记住,甚至连那门课程的名称也无法记完整。可奇怪的是,他那"猫头鹰"般的语调,以及那句"留下自己的一种声音"的铿锵话语,常常不经意间就盘旋在耳畔。年事越长,印象越鲜明。有时,冷不丁地会暗暗自问:我发出自己的一种声音了没有？

　　前几年，听大学同学说，刘老师在我们毕业后不久便辞去教职，自己创业去了。

　　不知道，在另一片天地里，刘老师可曾有机会"发出自己的声音"，不知道，他说话时是否依然如猫头鹰似的阴阳怪气。

　　"女士们，先生们，我们开始上课了——吧——"世界上，大概从此不复有此声音矣。

2012 年 2 月

千江有水千江月
——回忆我的老师陈节

一

2014年秋天,我在福州参加培训,遇见陈香瑶老师。她说:"陈节教授病得厉害,你有没有去看过她?"我惊问什么病。她答:"我也不清楚,但听说十分严重。那天去看她,她不肯讲,总说没什么大事。"第二天上午,我赶往福建师范大学。在出租车上,我给陈老师打电话,她说在超市,让我不要着急。我不由松了一口气。

从喧闹杂乱的师大后门步行几分钟,转个弯,便进入一个小区——花园新村。这是师大教职工宿舍区。几栋四五层高的半旧楼房掩映在墨绿的樟树间,日影碎碎,鸟声啁啾,阒无一人。脑子里闪过"文静"一词。但文静中弥漫着几许沧桑,我仿佛置身于另一个世界。

这是我第三次来到这里。第一次是10年前,和一位编辑朋友晚上拜访潘新和教授,潘教授也是我的大学老师。听潘教授说陈老师就住楼下,便下去打了个招呼。第二次在 2013 年,也是来福州培训,顺道而来。见了面,陈老师打趣说:"真有趣,你们一家子一个读中文,一个读英文,现在又多一个读哲学,都是文科,却不同学科。"那年高考,女儿杭杭刚考上哲学系。一会儿,陈老师又说:"女孩子读哲学,很少见啊!哲学,女生可不好学的。哎,时间过得真快,记得 2009 年我去东山岛,杭杭还对我说,她将来要当大老板,赚许多钱,给你们夫妻买豪车,当时她还是初中生吧。现在读了哲学,恐怕没这个梦想了吧。"说完她自己大笑起来。

"对了,杭杭为什么不读中文系?女生读中文不错。像你这样,多好!"陈老师又问。我回答道:"本来是想报中文系的,因分数不够,被调剂了,等大二再转中文。"她点点头。

正想着,人已到三楼,敲门,露出陈老师的笑脸,只是苍白了些。她爱人史老师也在家。刚坐定,她就端上一盘切好的梨子,再三要我先吃,说天气热,梨子能解暑。

"我真的没事,你没看我好好的吗?"她若无其事道。

听说我女儿已转到中文系了,她说:"好啊,子承父业。不过,她毕业后还想当老板吗?"说完她还是像去年那样笑起来,一边跟史老师介绍起当年我女儿的那番"豪言壮语"。

听说孩子想当大学老师,陈老师收起笑容,沉思几秒,叹一口气,慢慢道:"她真是这样想吗?你们没诱导她吧?现在,当大学老师,可是很辛苦的!"我不敢正视她,眼睛瞟向房间四周。虽然搬了至少三次家,一个大学教授依然局促在这么逼仄的空间里。不同的是,跟之前相比,至少多了个书房(阳台改装的),跟楼上潘新和老师的房间是一样的格局。

本来想回答"像您这样当大学老师有什么不好",但瞬间说不出口。

我向她汇报近年在做民国教育研究，还出版了几本书，她很高兴，起身去书房捧来一摞书。"这是我这些年出版的书，都给你吧，当作纪念。还有另外一些书，你也带不走，就不要了。"她说。我看了书名，是些古典文学选本。迟钝的我，听不出她话中的意味，也就没让她老人家在书上留下字迹。

我见陈老师神色疲惫，劝她少动脑子，多休息。"她还看书呢！"史老师在旁边插话。

"我当然看书啊，不过，这阶段在看福尔摩斯侦探小说。前不久，看到一篇叫《大拇指》的，真有意思，里面描写一个杀人犯的房里，竟然摆着好多书，其中还有一本诗歌。你看，连杀人犯也爱读书呢！"她说。

我吃完大半盘梨子，决定要走了。陈老师笑着说："木春，看看你，这么忙还大老远跑来！……你放心，我会好好的，会等到你女儿大学毕业的。"此时，我的心才咯噔了一下。

见她还靠着门，我说声"请进去"，就头也不回地下楼。走出一段路了，我停下，回头望望陈老师的楼房，大半覆盖着樟树枝叶，鸟声依旧，阳光依旧。心里有个感觉：也许，这是我最后一次踏进这里了……

二

离开小区，我没有立即打车回宾馆。从后门走入师大，沉重地漫步在校园里。碰到的每个人我都不认识。空气熟悉而陌生。我的双眼寻找那些未被拆去的老建筑——旧地理系，旧图书馆。它们还原样地守候在那里。然后，到几棵老树下。我仿佛看到20

多年前那些春季的雨后，湿漉漉的水泥地上，落满一大圈厚厚的紫色花瓣，陈老师从落花旁经过。我曾在《永远的凤凰花香》的散文中写道：

> 我是20世纪80年代末上大学的。大学里，课程繁多，任课老师长则一年、短则半载就走了，走马灯似的。唯独教唐宋文学的陈节老师是例外。
>
> 陈老师教我们两年，且只教我们一个小班。印象里，这情形绝无仅有。
>
> 许是日久情深，陈老师常在周末晚上，穿越杂闹的学生街，拐入僻静的小后门，走过图书馆前两棵茂密的凤凰树，到学生宿舍拉家常。她带来凤凰花淡淡的清香，大家也常有事没事地上她家串门。在那沉闷而寂寞的时代，这种师生间毫无功利心的交往，如今回想，别有温馨。

大学时，我总以为旧图书馆前的两棵老树是凤凰树，现在才知道错了。可我已不在乎它是什么树了。

路过老树下，右拐弯之后有个斜坡。斜坡的左侧，是从前3号教学楼的旧址，今已旧楼换新楼，但楼旁的小树林仍在。那时，课间，我们到林下聊天或玩单双杠。记得在这儿，陈老师拿着我的稿件，让我修改，她要推荐这篇文章去校报"试试"。那是我读岑参诗歌的肤浅感受。文章当然不得发表，但陈老师的赏识，却给了我巨大的自信。

登上几段曲折的石阶，便到了当年的中文系学生宿舍楼。我站了一会儿，看了一会儿，就离开了。过了长安山旁长长的下坡，便是正对着校大门的文科楼。

大四时，我谈恋爱了。一天，我和女友在文科楼某教室上晚自习，有位同学过来悄悄对我说："陈老师在走廊上，要和你说几句话。"我走了出来。陈老师问："你俩是老乡吗？都是'定向分配'的吗？"我回答是。

"这就好，一起回东山岛去。不像早你一两届的学长学姐，双方分配的地方不同，最终大都不得不分手了。"陈老师欣慰地说。当时，大学生由国家"统配"，自找职业，没门。她又问我女友的家庭情况，临走时，嘱咐我："我看到她了，感觉人蛮好。她是单亲家庭，家境困难，很不容易，你要懂得珍惜。有空带她上我家去。"直至毕业，我始终不敢带女友去拜访。

此时，站在文科楼底下，我恍然想，刚刚一路经过的地方，大概也是当年陈老师来我们宿舍楼，然后回到她那时所住的阳光新村的路线吧。

三

2014年很快过去。2015年我又去过两趟福州，都不敢去打扰她老人家。今年除夕，照例给陈老师发了短信，她第二天上午11点多才回复。

3个月后，也就是高考的前几天，大学班级微信群里惊现一条信息：陈节老师不幸去世，明日举行葬礼。我连夜乘火车赶往福州。留在母校任教的大学同窗黄健说：陈老师生前叮嘱过不让发讣告，她不想给别人添麻烦。

"这就是陈老师。她总是替别人考虑得太多，所以自己也受累。"一个同学说。"他们老三届，当年都是年纪大了才有机会上大学，接着要夺回被'文化大革命'荒废的光阴，拼命读书做学问，加上拖家带口的，几个能长寿？"另一个同学这样总结道。

"对真正的学者来说，长寿跟天赋同样重要。中外许多大学者，往往是大器晚成的。"我想到潘新和教授写过类似的话。但此刻唯有无语，任由一桩桩往事漫上心头。

20世纪90年代初，回家乡教书的头一两年，面对光怪陆离的现实，我深感茫然和惶恐，写信向陈老师袒露内心的痛苦、困惑。陈老师很快回信，鼓励我要洁身自好，做一个有追求、有上进心的人。不久，我上福州评卷，遇见陈老师，听她说有心替我在一家出版社谋份工作，后来，知道我打算考研也就放下了。没想到，我最终还是放弃了考研。20多年了，念及她当初对我种种期望，岂止惭愧而已？

再次邂逅陈老师，已是2005年岁末，我在宁德市参加学科带头人培训，她是导师组成员之一。

十几年后的陈老师，明显老了，头上密织着星星点点的白发，但神色间也增添了几分学者特有的平和。在宾馆里，我找到陈老师。我自然地挨着她坐下，像坐在亲人的身旁。她询问我家庭的情况，关心部分大学同学的行踪，特别问起杨姓同学的下落。我如实告知。她沉默良久，感慨道："你们这88级学生啊，可谓多灾多难……还好，现在大家基本稳定下来了。只是看到你们不少人，一辈子要困守在一个小地方，待遇又差，我心里总放不下。"我安慰她说："没事，习惯了就好。小地方有小地方的乐趣。像我在东山岛，空气好、海鲜多，比大城市都强呢。"她的眉头舒展开来。临别时，陈老师突然用略带责备的口气对我说："木春啊，你为什么剪这么短的发型，一根根往上冲，不好看，有点儿玩世不恭的味道。我还是喜欢你以前的小分头，多帅气！"

很久没人如此关注过我的生活细节了，我心头一热，赶紧应答下来。在陈老师眼里，我还是当年懵懂的大学生。

在宁德市的最后一天，当地大学同窗盛情宴请。陈老师中途悄然离席，我们也没在意。直到上了出租车，她抱歉地对我说："不好意思，我刚才想去买单，钱却不够。"我很惊讶，说："来这里，我们都是客人，哪要您出钱？""我工资高，比你们年轻人都好过。"她说道。

我问陈老师孩子的情况，她说孩子正念大学呢，"像你们当年一样"。

2009年夏，陈老师携她读研究生的儿子来我的家乡东山岛。小伙子在搞文化人类学研究，来岛上做民俗考察。陈老师拉来一大箱子礼物，有给我妻子的，给我女儿的，还有一大摞给我的书。记得有一本是钱理群的《语文教育门外谈》。她说："这些书是和儿子专门去福州大书店挑的，不知是否适合你。反正以后你需要什么书，就来电话，大城市买书方便。"其时，我已在网上购书了，但还是乖乖地答应。

那天，我们一同前往海上孤岛游览著名的东门寺。在小岛的一角，我们等待返航的轮船。陈老师站在海边的岩石上，远眺茫茫大海，许久，自言自语般念着寺门口的一副楹联："千江有水千江月，万里无云万里天。"回头对我们说："明后年退休，要是能来岛上养老就好了。"那时，听着陈老师的感叹，我无法领悟，那些话像一阵海风轻轻吹过。而今，我似乎懂了。

几年前，有人问我，教育的启蒙师是谁，我答不出。现在我有答案了：是陈节老师。她教给我一颗仁慈之心。

2016年10月

第五辑

在一本书面前坐下来

在一本书面前坐下来

案头放着《给教师的建议》一书,扉页上有不久前自己写的两行字:

> 十年后重读此书
> 感恩,重新出发

这本貌不惊人的书,是 10 年前教育局发的,但对于我,意义不一般。它改变了我的教育生活。

2003 年,新课程改革刚启动,县教育局组织十几位好读书的老师成立读书班,开展教育名著阅读活动,读的第一本书便是《给教师的建议》。这应该是我拥有的第一本教育专著,之前,作者苏霍姆林斯基这一串名字曾听说过,但念起来还有些拗口。读书班的班主任 C 君和我交往多年,加上我是一中的教师,我被选进读书班,还当上了班长。

书一领到手,我就丢在一边。对所谓的读书班,我十分不以为意,觉得不过搞"形象工程",走过场而已。第一次的开班仪式后,班主任布置大家回家先读书中的某几篇,两周后在读书会上交流。两周后大家碰头了,C 君点名班长第一个发言。我慌了手脚,只好借口这段时间高三毕业班杂事缠身,没工夫阅读,给自己一个台阶下,说完尴尬地听其他老师逐一发言。记得某小学老师发言后,C 君表扬他那一句"一些词渐渐清晰"说得好,接着略为发挥。我肃然起敬,没想到一句不咸不淡的话经过 C 君的点拨与阐释,变得闪闪发光。我还佩服这位小学教师读书的深入、体会的细腻。这次交流会给我一种强烈的感觉:这是一群真正的读书人,这是一本有趣的书。

说到读书,我是惭愧的。那时,我已经大学毕业 12 年。12 年来,也不间断地买书,但基本上只买不读。买书,是大学期间保留下来的一种习惯。2003 年以前,网上购书尚未出现,小县城有几家小书店,闲暇时逛逛,顺手买一两本,回家翻几页,就丢开了。在我看来,再精彩的书,也没有电视和碟片吸引人。家里沙发右侧一个座位陷下几公分,那是我长年坐看电视的见证。好多年不曾完整读下一本书,最用心看的是教参和一些名师教案。况且在我的意识里,所谓教育名著无非就贩卖那些"老东西",干巴乏味,无补于高考和评职称。因此,拿到《给教师的建议》后随手丢开,是正常不过的事。

那次读书班交流会上,班主任 C 君又布置了作业,这回无处可逃了,我好歹得给老朋友一点儿面子。回到家,我硬着头皮打开千斤重的《给教师的建议》,不知不觉,被书中文字吸引了。这是我第一次阅读教育名著,它与我想象中的"干巴乏味"完全相反。说它是教育书,毋宁说是散文,是诗,每个字词流淌着浓郁的情感。它不仅打破了我对教育名著的偏见,而且颠覆了我对整体教育的认知。

很长一段时间，在我的词典里，"教育"二字简单得很，无非把学生管好、教好，具体到学科教学，就是把课本内容讲清楚，题目搞通，学生考试获得高分。那时每教完一届学生，最惊心动魄的日子，就是高考公布成绩的那一夜和次日。深夜，不断有学生打来电话，告知分数，有时自己还忍不住打电话给学生，询问成绩，再打听外地的考试情况，估计自己学生成绩的排名情况。

学生名次好，领导高兴，我也高兴，大家皆大欢喜；反之，我像斗败的公鸡，垂头丧气，路上遇到熟人，都不敢抬头。有一年，一个学生总分居全市第二名，着实让当班主任的我风光一阵，可谓名利双收，年纪轻轻的我马上被提了"官"——当上高一段长。那时，我以为，这就是教育的最高境界、人生的最高境界。"成绩就是硬道理。"此外，对教育，我想不出还有什么大道理。

走进《给教师的建议》一书，这些"硬道理"渐渐离我远了。我在书中读懂了教育的另一面——"软"的一面，与分数不大相关的一面。

无须谁下达任务，我一口气读完《给教师的建议》。然后，用一本旧杂志的封面，把书包起来。

不久，我遇到学校一位领导，我告诉他，我想辞去年段长和其他行政职务，只想当个纯粹的班主任。他不解其意。我说，班主任和学生靠得近，有当教师的感觉，当段长，似乎没有学生。我还告诉他我读了苏霍姆林斯基的书。他点点头，理解我的想法。可惜他无权决定我的选择，我继续扮演着我不愿意的角色。

当我能够安静地在苏霍姆林斯基的书面前坐下来，我已经36岁了。

我的教育姿态悄悄地发生了变化：我开始相信，只是教书的教师，不是真正意义上的教师，也不能找到职业的真谛、乐趣与尊严；我学着把目光落在个体的学生身上，而不是分数上，落在那些普通的学生身上，而不是第一、二名学生的身上；我终于坐到电脑前，用笨拙的手记录下一行行文字；我乘大巴车到 100 多公里外的城市大书店（后来是通过网店），购买一本本书……

我像第一次来到海边的孩子，惊奇地发现了新世界。在书中，我遇见了教育的灵魂。慢慢地，我又在琐碎的工作中，发现了真实的教育，它是交织着美与丑、真与假的职业，交织着艰难与责任、苦涩与欢乐、卑微与高远的事业。我记录下它们。这些早期的文字，浮躁而粗糙，却是人到中年的我，刚从混沌中清醒后发出的惊讶和感叹，以及做出的微小思考。

几年前，一位挚友提醒我："你不能只是教书、读书，还要写书、编书、出书，这是一个互相促进的过程，也是个人不断成长的阶梯。"今年，我表面上完成了"教—读—写—编—出"的过程，实现了挚友的寄托。然而我知道，这过程是无限循环的，做这些事并不是职业与人生的终极目的，而是为着让自己的世界变得丰富，让思想成熟，也让课堂变得有力量。

常有人问我读书的意义是什么，我一直无可奉告。有时被问急了，就含糊地说："让自己快乐啊，和打牌没什么两样的。"偶然间，读到一位名人的话，豁然开朗，原来她已替我回答了：

  有人会问，上那么久的学、读那么多的书，最终不还是要回一座平凡的城，打一份平凡的工，何苦折腾？我想，我们的坚持是为了，就算最终跌入繁琐，洗尽铅华，同样的工作，却有不一样的心境，同样的家庭，却有不一样的情调，同样的后代，却有不一样的素养。

2014 年 1 月

冬夜,一些书静静地醒来

夜,静得让人不忍睡眠。就这样,伴着茶、音乐,伴着自己,情愿成为夜的俘虏。书房里所有的灯点亮,沙发暖暖,目光游移到对面墙上,那里有顶天立地的书架,但我不打开一本。多少个晚上,我静坐,无所事事而又心满意足,直至夜深。

偶尔有风奔突过窗帘之外。一种很古老、寥远的背景。但寒冷无声,我用热茶一杯杯抵抗。

目光突然停落在一些书上,是大学刚毕业那几年购买的。十几年前,工资低,刚结婚生子,窘迫至极。买书可是舍得的,有时到了不顾一切的地步。如今我能理解自己年轻时的心态:人在苦闷无路之际,必得觅一处宣泄口,要不,迟早会发疯的。

因为买书,家里常常不名一文。我那时对理财一窍不通,两个穷教师领来薄薪,随意往抽屉里一扔,随用随取,颇有共产主义的味道,又仿佛可以取之不尽,用之不竭。只是不久即证明这不过是原始共产主义而已——大抵半月后,抽屉内就找不到一张10元以上面值的钞票。妻子跟我争吵几次后,大概制伏不了我,且随我去。

那几年，除买书外别无所好。书店一家家地逛，我成了书店老板们最欢迎的客人。至今给我印象最深的是那个女老板。一天夜里，很冷，还下着细雨，我刚从报刊上读到余秋雨的文章，感动得一塌糊涂，当即奔往书店，书店纷纷打烊了，唯独一家还开着。我问：有无《文化苦旅》？女老板说：卖光了。我说：你里边书架上不是还有一本吗？——我怀疑她舍不得卖。老板迟疑了一会儿，抽下来，打八折卖给我。那时，小县城买书还没兴打折一说，何况正当洛阳纸贵的《文化苦旅》。我感恩戴德。回家看第一页，发现错字星罗棋布，令人难以卒读。我这才回想起女老板方才的表情，但还是硬着头皮读下去。那几天，要忍受错字的折磨，还要忍受买盗版书的伤心。伤心什么？一是痛惜那十几块钱，二是伤心于女老板的薄情——我认识她两三年了，买她的书是最多的。

女老板为人不够厚道，但她采购书及时，有眼光，也较合我口味。我过后仍在她店里陆续买了许多书，重要的有：香港木刻版的《金瓶梅词话》（全套），花城出版社的《流亡者译丛》（一套），《明人小品十家》（一套10本）等。这些书，现在有的不难买到，比如《金瓶梅词话》，但在当时确实稀罕。有的书难得再版，比如，那套《流亡者译丛》，我只是去年重新买到南海出版社的一本《人·岁月·生活》（爱伦堡），虽然新出版的是全译本，但字体太小，而且少了10多年前阅读时那种说不出的紧张感。有的书则从未见再版，比如，《明人小品十家》。前些日子，翻开《明人小品十家》中的《张宗子小品》，从封面设计的古意，到选文的经典性、注释之简洁明了，均无懈可击。难怪我会在每一册的扉页写一句不近人情的话："此套书共十册，珍贵，恕不外借。"记忆里，留过这类话的书，除此之外，就只有念大学时从牙缝里抠出来的《梁实秋文集》(4册)。那年头，书价奇高，教我们现代文学的王维燊教授偶然间发现我床头赫然摆着四本《梁实秋文集》，羡慕得不得了。老教授感叹说，他路过几回书店都舍不得买呢。

　　此时，我目光抚摸这些书脊，回忆像窗外的风涌着。女老板一张笑脸也在灯下晃动。我厌恶其人，又得从心底感激她。没有她，就没有眼前这些书，没有这一段购书经历与阅读体验，或许，也便没有今天的"这个"我。

　　说到阅读体验，我也贫瘠得可怜。古人云：买书不难，读书为难。说的便是我这种"叶公好龙"的人。其实，大多数买来的书，我只是翻过而已，知其大略后，便束之高阁。

　　即便少数匆匆一览的书，读懂的也寥寥。近两三年来，我稍坐得住冷板凳，有时翻出旧书来重读，每每感叹于年轻时读书的浪费，更认定许多读过的书，都必须"重新来过"。张潮说，少年读书如隙中窥月，中年读书如庭中望月，老年读书如台上玩月，皆以阅历之浅深为所得之浅深耳。信哉！像近几天，重翻《张宗子小品》，从作者笔下的繁华、热闹乃至放纵的歌舞场中，渐渐地读出他内心的凋零、无泪的哭泣与无处告白的苍凉。而三十来岁时，哪懂这些呢？即使我曾把《西湖七月半》《湖心亭看雪》背得滚瓜烂熟，也只是欣赏到张岱通脱精妙的辞藻罢了。还有那本《人·岁月·生活》，重新进入书中，我已淡去了激愤，我读读停停，唯有伤痛、敬仰、沉思。"当我重读茨韦塔耶娃的诗作时，我都会突然忘记诗歌而陷入回忆，想起我的许多友人的命运，想起我自己的命运——人、岁月、生活……"爱伦堡在回忆女诗人茨韦塔耶娃的文中，最后这样说。曾经我在这两行文字旁边留下三个字"泪涔涔"。可现在，我无泪,只是什么也说不出。——莫非,这是中年的心境?

可惜,县城里 10 多年前的那些书店,后来次第凋敝。而今,硕果仅存的一两家,幸亏转型及时,专以售卖学生教辅材料而得以存活,据说还活得很滋润。多年前,我偶然路过,竟然在书店角落里看到北岛刚出的书《时间的玫瑰》,惊喜极了,此后多年不再光临。女儿说,那书店都清一色卖辅导书了。

于是,今夜,我又怀念起那位女老板。倘若,她还能在酒绿灯红、喧嚣不止的街角开一爿昔日风格的书店,或许,这个冬季,就不会如此寒冷了。

2009 年 12 月

冬天的怀念

20年前,他是中文系的大三学生。一天,在图书馆胡乱翻阅杂志,突然被一篇《合欢树》的短文打动了。身无分文的他犹豫了一阵,终于下定决心:用口袋里最后一张菜票去复印它。从此这两页复印纸,伴随他从省城回到偏远的海岛农村,又由满是炊烟味道的老家辗转至县城嘈杂的单身宿舍,再到狭窄阴暗的家属平房,最后到敞亮的楼房。此时,他已是年过不惑的中年人。

他数不清,20年来把这短文一共读了多少遍。但他记得,大学里自己写的最得意的短篇小说也叫《合欢树》。写小说是在一个夜里,寒夜。那时,他为了考研,在校外租了房。房子在一座独体小洋楼的三层。朝东的窗外有棵大榕树,朝南的走廊正对另一棵树,浓茂的枝叶盖过三楼屋顶。他不知道这是什么树,但宁愿相信,这就是传说中的合欢树。黄昏时,他爱坐在走廊上静对它。透过枝桠,看到一片开阔的庄稼地,各色蔬菜瓜果静静生长。庄稼地中间,一条马路横过,路的尽头矗立一座孤零零的大院,院里仅一栋两层老屋以及一些叫不出名的老树。他常走过大院,去另一个地方寓望女友。

他从没见到院门打开过,甚至没见过屋里露出灯光。而每次经过,他总感觉,老屋二楼淡蓝色的窗帘随风晃动着……于是,这个寒夜,他虚构了一个故事:一对从外地逃婚而来的男女,多年来平静而相爱地生活在一处偏僻的小院里,他们没生育子女,陪伴他们的唯有院里的一棵老合欢树。合欢树渐渐枯零,他们也一天天地老去。一次,女人得到一棵合欢树苗,欣喜地栽在院里,倍加呵护。某天深夜,暴风雨来临,女人为了给小合欢树遮雨,受了风寒,不久便去世了……他写这小说时,心底满是合欢树的影子以及风在树梢的呜呜声。当然,想得更多的,是复印纸上那篇《合欢树》。

20 年来,每次教高一新生,他会取出复印纸,给学生朗读《合欢树》。有时也朗读《我与地坛》。每次读《合欢树》,他都忍不住思绪飞扬。——后来,他观看蔡琴演唱会,听蔡琴说那首《恰似你的温柔》的老歌她已唱过几千遍,但每次都有新感觉,有感动。蔡琴的话,别人或许不信,可他信。

九年前的冬天,一个学生从北京寄给他一封 23 页的长信。他第一次收到如此厚重的信。23 页的信里一直唠唠叨叨地诉说一件事:她如何把 3 万多字的《我与地坛》逐字敲打下来(虽然网络下载很方便)。又说,刚到北京的她租了自行车,独自冲到地坛,就为寻找文章里的那种气息。接着,在地坛公园的树下流连太久,忘了冬天昼短,差点儿迷失了回校的路。她还告诉他读了《我与地坛》,滋生一连串关于生命的感受与人生的困惑……

可惜,那时,30 岁的他忙于生计与各种追逐,也由于本性疏懒,竟没给她回信。一年后的春节,她来他家,他当面向她承诺，他刚买了电脑，会给她写邮件的，还认真地要了她的邮箱。如今这学生早已研究生毕业，考了省城的公务员，他那封回信还没动笔。他曾不止一次难过地想：学生是否会觉得他与课堂上那个一往情深地朗读《合欢树》《我与地坛》的人判若两人？他无从知道，后来也不想知道了。但他始终忘不了她——一个用23张信纸一笔一画向他诉说阅读《我与地坛》、寻找地坛过程的年轻人。他甚至天真地想过：如果大多数公务员，都曾经这样被《我与地坛》感动过，世界将会如何？

有一年暑假，他给专升本的小学教师上课——仅仅是辅导课而已。那时他很年轻，有激情，也率性。教材中有节选的《我与地坛》，他上辅导课时，竟然忘情地朗读起来，读着读着，面对台下100多名小学教师，哽咽了……印象中，那次辅导课的秩序特别好。后来他懂了，那不是他的课上得好，而是课堂里潜流着一股从字里行间、从心灵深处散发出的某种力量吧。此后许多年，他一直在课堂中寻求这种力量，激荡他也激荡学生的力量，但得到的总是寥寥。也许，他已激情不再了，也许此后的年轻人已难以相信所谓真情、灵魂、信仰，也越来越排斥所谓的忧伤、孤独、低回、冥想、怀念、追问、虚无，甚至沉默甚至呼喊，——因为所有这一切，和坚实的分数比起来，都是虚无缥缈的。

前年，他还给高二学生朗读《我与地坛》。他曾祈祷上朗读课的那个下午是艳阳天，可迎来的竟是漫天的雨。在绵绵细雨中读《我与地坛》，终归让人不忍。那次，他再次出乎意料地又红着眼睛。他读不下去了，假装看门外。雨，在走廊里一点一滴地堕下，像空山里的叶落。随后，他索性在课堂上给学生讲述大学时偶遇《合欢树》的情景以及那个写长信的女生的故事。

两年过去了，上了大学的他们，不知有谁还记起当年这个朗读片段？而 20 年来，所有听过他朗读《合欢树》或《我与地坛》的学生们，又有谁留意过，2010 年 12 月 31 日凌晨 3 点（史铁生先生去世的日子），一颗高贵的灵魂收住了歌声，仿佛地坛公园深处的一枚落叶，熄灭了在生命枝头的燃烧。

"她心里太苦了。上帝看她受不住了，就召她回去。"在《合欢树》中，作家这样写母亲的去世。是的，这深冬，上天也把这个叫史铁生的人召回去了。

2011 年 1 月

在尘土中锻造出"金玫瑰"

　　每一分钟,每一个在无意中说出来的字眼,每一个无心的流盼,每一个深刻的或者戏谑的想法,人的心脏的每一次觉察不到的搏动,一如杨树的飞絮或者夜间映在水洼中的星光——无不都是一粒粒金粉。

　　这位老清扫工的金玫瑰是用于祝福苏珊娜幸福的,而我们的创作则是用于美化大地,用于号召人们为幸福、欢乐和自由而进行斗争,用于开阔人们的心灵,用于使理智的力量战胜黑暗,并像不落的太阳一般光华四射。

20多年来,我不知多少遍诵读过这些文字。今天,拿到新版的《金玫瑰》(已经更名为《金蔷薇》),立刻熟练地翻至这一页,再次读起来。

　　20世纪80年代末的某个下午。大学中文系二年级课堂。他,我的写作老师,用了一节课,边介绍边为我们朗读一篇题为《珍贵的尘土》的文章。写作老师,年龄30出头,温和儒雅,说话声音软软,慢条斯理,不温不火。有个同学的作文把他刻画成"汉奸",他竟然当范文念;当我们笑得砸开了锅时,他不恼不羞,还表扬写得精彩,号召大家学习。我一向不喜欢他那带着甜腻味的嗓音,然而,这天,我被他的朗读慑住了。他的嗓音奇迹般地如此适合这篇文章。他念得投入、细腻,一边不住赞叹着。我不明白一向十分节制的他为什么如此动情。

写作老师朗读的《珍贵的尘土》,讲述了一个平淡无奇的故事——

一名叫夏米的士兵,曾在参加墨西哥战争期间,受团长所托,带着团长女儿苏珊娜回法国。途中,夏米无微不至地照顾苏珊娜,还为她讲述了一个"金玫瑰"的故事:谁家有了金玫瑰,就一定有福。回到巴黎,夏米亲手把苏珊娜交给了她的姑母。之后,夏米从事各种卑微的职业,最后成了巴黎的清扫工。多年后的一天凌晨,他在大桥边邂逅了已经出落成大姑娘的苏珊娜,此时的苏珊娜刚被情人抛弃,正痛不欲生,打算投河自尽。夏米留她在破屋里住了几天。后来,苏珊娜与情人重归于好。临走前,夏米提醒苏珊娜,能给她"金玫瑰"的绝对不会是这个花花公子。苏珊娜走后,夏米决定为她打造一朵金玫瑰。他开始收集首饰作坊里掉落的尘土,从中筛出一点点金粉,多年后积累了一块小金锭。当金玫瑰终于锻造好,夏米准备将其送给苏珊娜时,苏珊娜已离开了法国。夏米在孤独中辞世。

这个故事平淡又感人。但是,与其说我被故事感动,不如说是因为写作老师的异常表现——他的倾心朗读,我从此记住了这篇叫《珍贵的尘土》的文章以及这本书——《金玫瑰》。

这节课后不久,我在《散文》杂志的封底发现了《金玫瑰》一书的出版消息。汇款到出版社,书如约而至。蓝色的封面淡雅素朴,却不失高贵纯粹,犹如那个时代的风貌。我用纸包装起来。20 年过去了，发黄的书衣犹在。有一次我拆开了看，是一张大学四级英语模拟试卷。

我第一时间读完《珍贵的尘土》，感情和写作课堂上一样热烈着。老清扫工夏米的故事再一次唤醒我心灵里的某种温暖。在 20 世纪 80 年代末，那个激情燃烧殆尽后苦闷到底的大学时代，善良的夏米精心锻造出的"金玫瑰"是驱散我青春阴霾的一缕阳光。

大学毕业后最初两年，我住农村老家，早上骑车到校，傍晚回家。日复一日。每月薄薪 200 元左右，刚及温饱，哪有闲情考虑买书？在寂寥的乡下，百无聊赖之际，偶尔翻翻从大学带回的几百本书。而最能引发我美好冲动的还是《金玫瑰》，尤其其中的《珍贵的尘土》。我明白，《珍贵的尘土》的本意在于谈文学创作经验，难怪写作老师会在课堂上隆重地推介。可渐渐地，我读出了另一种东西——人性的高贵，苦难固然能摧残扭曲人性，但也有一部分人性，在与苦难较量中愈挫愈华美，像寒夜的星星。

后来，结婚、生子、买房、评职称……一连串琐碎的生活，世俗尘土日渐将我掩埋。我和许多人一样沉入现实的游戏中，浑浑噩噩，不辨西东。《金玫瑰》被我遗忘了，跟其他的书籍长久地寂寞在书架上，灰尘堆积。

转身间又过十多个春夏。直到八年前，由于种种因缘，我的人生有了另一个拐弯。我开始阅读，写作。《金玫瑰》又被打开。《珍贵的尘土》重新发出光芒。我在书中看到了卑微个体的生存价值。是的，那种近乎虚无的庸常日子，就像尘埃，是会掩埋人的灵魂的。倘若生命不能自拔，一天天被销蚀，迟早会异化为尘埃中的一粒。

我还从清扫工夏米的身上，发现了任何平凡职业的意义——在生活"尘土"中也可以锻造出金灿灿的"金玫瑰"。

　　某一天，我也学着当年的老师，念《珍贵的尘土》给学生听。这些高中生对这种"闲书"是不感兴趣的，个别人甚至只关心"金玫瑰"的下落。我不禁为一己的自作多情而叹息。但是，接过新一届学生，我依旧固执去做，像我当年的写作老师那样，平静而忧伤地朗读，用差不多一节课的时间。我有一种信念：多年以后，说不定有一两个学生，会像年轻时代的我，一不小心就让"金玫瑰"打动，并尝试着挥落身上的尘土，昂首跨出世俗的淤积，活出自己的样子来。

　　像 20 多年前一样，我取出最好的包装纸，给新版的《金玫瑰》加上书衣。又在扉页写下几行字，寄托对写作老师——潘新和老师——的感激和纪念：

　　　　是你
　　　　在我的生命里，栽下
　　　　一株永不凋谢的金玫瑰

2015 年 6 月

孩子的心是玻璃做的

像伊朗的许多影片一样,《柳树之歌》的情节至简。主人公古查波是个小学生,和同学踢球时,不慎砸破了教室的玻璃。两周后,老师责令他必须在"今天"安装好玻璃,否则,明天就不用来上课了。古查波借钱、买玻璃、在暴风雨中运送玻璃,又独自安装玻璃,最后玻璃还是摔破了。他只好在浓重的黄昏中重新起程,在朋友的帮助下,再次直奔玻璃店……

这是一部感人至深的电影。观看过程中,我怀着欣慰之情,更怀着同情和忧伤之心。

小主人公古查波是幸运的,虽家境贫寒,但周围的每个人都那么温和善良。爸爸是个普通工人,估计受教育程度也不高,对待孩子却不粗鲁。他没有及时替儿子给学校安装玻璃,自有他的看法:"那不是你一个人的错,所有踢球的学生都应该赔,或者应该由学校修复。"同时,他确实太忙了——从影片中儿子寻找他的曲折细节中就可以知道。至于玻璃店的老板,更是位慈祥的老爷爷,不仅替古查波计算好玻璃的尺寸,还无偿提供配件、教古查波安装玻璃的方法等,考虑之周、关心之细,让人备感温暖。我不禁联想起另一部伊朗影片《何处是我朋友的家》中那位古道热肠的老木匠。还有小主人公的好朋友（因贫穷而不得不半工半读），用摩托车载古查波，还出钱替他买玻璃。更不用说，那位跑很远的路帮古查波向自己父亲借钱的新同学雷萨了。这部作品，缓缓流动着一股清新美好的人间真情，使人忘却这块土地上的单调、贫瘠与落后。

电影中的学校也是温馨的。富有同情心的教务主任自不必说，即使小主人公的数学老师，我觉得，也是一位好老师。数学老师性情温和，善于引导孩子，当孩子们被暴雨吸引了注意力后，他借题发挥，告诉孩子们关于伊朗的地理和气候知识，最后又巧妙地把话题拉回课堂："雨真的很美。但是一切事物都应该在适当的时候去做。"这些都展现了一位教师较高的专业素养。当小主人公一再被雨迷住，屡次提醒无效后，他并没有大发雷霆，而是平静地建议："你可以到外面去欣赏，直到你看够了再进来。"

我不由得想起自己高中时的政治老师，他脾气极其暴躁。有一次，突降暴雨，大家自然而然地朝窗外看，他勃然大怒，砸掉粉笔盒，继而咆哮："谁再看一眼，就对谁不客气！"可怜我们全班60多人，一个个胆战心惊，整堂课两眼死盯着黑板，目不斜视。再看这位伊朗老师，对他我简直有说不出的感激、尊敬和爱戴。

对小主人公，数学老师有足够的宽容和忍耐。两星期了，加上恰逢雨季，玻璃坏了是一件非常麻烦的事情。他不得不向小主人公下"最后通牒"：今天必须装好玻璃，明天才能来上课。

当小主人公进教室后，同学们的指责，更加使他感到压力如山。但爸爸的态度很让他无奈、伤心。幸运的是，在新同学雷萨的帮助下，他借到了钱，立即马不停蹄地赶往玻璃店。

接下来便是影片中最令人揪心、最打动人的场面。我的心被高高地悬挂起来，伴着小主人公安装玻璃的一举一动而时喜时悲，并随时可能摔成碎片。那块玻璃，时刻牵扯着我的心，也割痛着我的心。我一次次暗自祈祷、呼唤：可怜的小孩啊，你千万小心点。我甚至仇恨那鬼天气，仇恨那所学校，仇恨让小主人公安装玻璃的老师。

"教育无小事。"这句话长久以来让大家给用烂了，而且"小事"似乎仅仅指学校中发生的外在行为，比如，卫生习惯、行为礼貌等。其实，教育中的"小事"更应该指向人的内部，也就是关注每个受教育者的精神世界。影片中，小主人公古查波一双纯净的眼睛始终蓄满让人心疼的忧郁和焦虑。或许，在多数人看来，让古查波的父母来赔偿一块玻璃合情合理，但我们却忽略了，古查波还是个孩子，他的心灵承受不起如此重的责任和压力。

记得我念初中时，上学途中随手折了路边一小截桉树枝，不幸被林业局管理员发现。他将我扭送到校长那里，上纲上线，说我破坏国家林业，吓唬我要罚款5元。在20世纪80年代初，对一个初一学生来说，"破坏国家林业"是个非常严重的问题，而5元钱更是个天文数字。天可怜见的，我不敢向父母说起，独自默默顶住这恐惧的压迫。那段日子，每逢陌生人从教室旁经过，我都忍不住浑身发抖，状如惊弓之鸟。为此，我差点儿弃学。后来才明白，那名林业管理员只是在校长面前给我一个下马威而已，说不定，他还以为这是一种美妙的教育方式呢。可是，他怎能知道，这给年少的我造成了多大的心灵伤害。

从此我变得胆小怕事，又变得极端地叛逆，尤其对外加的压迫和威胁极易爆发一种"过敏反应"，甚至有暴力反抗的冲动。这种性格的形成，和小时候这起事件是脱不了干系的。

可以想见，玻璃事件，也必将在小主人公脆弱的心灵上烙下一些伤痕。

今天，从教育的角度审视，影片中这起事件完全可以避免。比如，校方不妨先把玻璃安装上去，对小主人公的教育则慢慢进行；比如，老师（尽管他很耐心温和、令我尊敬）应该直接和小主人公的父母取得联系，双方进行协商等。就像20多年前，学校除了教育我要保护公家的一草一木之外，还必须明确地安慰我说："林业局的人已经原谅了你，不再罚你的款了，放心读书吧。"可惜，我们的教育，总是如此粗糙、如此不敏感不细腻。也许，孩子某个字写得缺一笔一画时，老师会认真对待并不厌其烦地加以订正；也许，孩子考了98分，老师仍不忘提醒他下次要更细心，可是，孩子心灵上"缺一笔一画"时，不知为什么，却往往被忽略了。

看完《柳树之歌》，那块易碎而最终又破碎了的玻璃，锋利地晃动在我的眼前。它仿佛告诉我：要善待每一个在你面前走过的孩子，也许他调皮，也许他不够聪明，也许他有些无赖，也许他假装勇敢，也许……但无论如何，他的心是玻璃做的，他的心是易碎的。

2009年11月

美丽的"谎言"教育

看了大江健三郎的自传性散文集《为什么孩子要上学》,余味无穷。其中若干章节曾反复诵读,每一遍,都引起我无限的遐思。

当孩子问"为什么需要上学"时,我们的家长大概能摆出一大堆理由来,为将来找工作,为学知识、学做人,等等。不管什么理由,所有的答案大同小异,且"非常科学"。大江健三郎的母亲和祖母却不这么说。书中,作者回忆小时候自己重病时与母亲的一段对话。

"妈妈,我快要死了吗?"

"我不认为你会死,我希望你不要死掉。"

"我听到医生说'这个孩子快死了,已经没救了'。他认为我会死吧!"

母亲沉默了一会儿,然后说:"就算你真的死了,我还是会再把你生下来,别担心。"

"但是,那个小孩子和现在就要死掉的我,应该是不一样的孩子吧?"

"不,是一样的!我一生下你之后,就会把你过去看到的、听到的、读到的、做过的事全部都讲给新的你听,也会教新的你说现在会讲的话,所以,你们两个就会一模一样了哦!"母亲这么回答我。

病愈回学校后,大江健三郎坐在教室里常常发呆地想:自己以及在教室里、运动场上的这些同伴,是否都是妈妈们再次生出来的新小孩?因为大家都继承了同样的语言在说话。而每个人就是为了把这些语言变成自己的东西,所以才到学校来一起游戏、一起读书。读着书,我沉醉在作者的奇思妙想中,世界上,还有比这更温暖人、更吸引人的"谎言"吗?

大江健三郎的祖母总会把记得的事描述得活灵活现,对于"人为什么要活着"这样的哲学问题,她的回答也非常浪漫:为了记录这森林里所有发生过的事情才出生的。

祖母还说过:在这个山谷间的每个人都有一棵"自己的树",生长在森林的高处。人的灵魂从这棵"自己的树"的根处降落,再进入人的身体里。死的时候,只要身体消失,灵魂就会回归树。

接着作者和祖母有一次对话:

我问她"自己的树"在哪里呢?
她回答:"要死的时候,灵魂的眼睛睁开了就会知道了!"
"可是我急着想要现在知道,该怎么办呢?"
她说:"脑筋聪明的灵魂,就会记得自己是从哪一棵树来的,可是不可以随便说出来哦!如果走进森林里,站在'自己的树'下,有时会遇见老了之后的自己呢!"

面对喜欢刨根问底的孩子,许多大人,要么一味以"不要胡思乱想"的借口加以打压,要么回答得跟教科书上的标准答案一样,以为科学的答案,便是准确的答案。殊不知,这种答案,往往会压抑孩子身上蓬勃生长的好奇心与想象力。

在我的童年时代,淳朴的农村环境,使我的教育充满某种古老的诗意。孩子总爱好奇地问一个普遍的问题:我是从哪里来的?"从地瓜沟里捡到的。"长辈们基本如是回答。这答案给我无尽的想象,各种灰溜溜的地瓜田、金黄的稻田、碧绿的甘蔗林,一时间变得富有灵性与神性起来。

人们曾经批评这种回答问题的方式,认为是敷衍和有意回避,正确的做法应该是给予儿童正面的、科学的解释。且不说儿童是否能理解所谓的"科学的解释",难道在这个年龄,被灌输一条条准确的科学知识,就是好的吗?不同年龄段的孩子,认识世界的角度不同,需要的"营养"也不同。黄武雄教授说,儿童的世界是诗,它没有太多分析性、描述性的语言。大人多以为儿童世界是大人世界的雏形,事实上它们分属不同的向度。当儿童的世界伸向日落的天边,伸向无垠的星空,伸向历史、伸向未来时,大人却局限在灯火通明的摩天大楼里夸耀他眼前高耸光华的文明。也许,这就是那些自以为是的成人的可笑之处,他们以为掌握了一点点现代知识,就掌握了一把万能钥匙,可以打开所有的门,包括生命成长的神秘之门。

生活,需要填饱肚皮的萝卜白菜与治病养生的甘草枸杞,也需要只可养目怡心的夏荷水仙。观照当下纷纷扰扰的教育,缺少的不是实用知识的灌输,而是"无用"诗意的播撒。教育要传播科学,教育也离不开科学的指导,但是,让科学主宰了一切的教育,将变得无趣、冰冷。过度地膜拜在科学主义的膝下，教育最终将沦为异化人的工具。而教育的真正使命，恰恰在于把人导向开放，导向多元与无限，使人发展成完整的人。

祖母的那一席话长久地铭刻在大江健三郎的生命深处。几十年后，大江健三郎还深情回忆道：

> 现在，我年近六十，还活在这世上。已经变老的自己回到故乡的森林中，走过气派高大的树下时就会幻想着，说不定待会儿就会遇到半个世纪前还是小孩子的我在此处等待，准备上前来问我这个问题："人为什么要活着呢？"

也许，正是祖母和母亲这些童话般的"荒谬无稽"的教育，给年少的大江健三郎带去了种种神秘的快乐以及对未来的幻想，孕育了大江健三郎独特的生命观，最终为他在文学上取得卓越的成就撒下了一颗浪漫的种子。

2010 年 6 月

教育是母性的
——读里尔克《给青年诗人的信》

《给青年诗人的信》是德国著名诗人里尔克于1903—1908年间写给年轻军官卡卜斯（后成为诗人）的书信集。10封信中，里尔克针对卡卜斯关于写作、寂寞、职业、性与爱等问题，一一给予诚恳的答复。这些信件，是一位大诗人写给另一位未来诗人的文字，其中没有正面谈及教育，但我一直把它当成一本教育书，甚至"生活教科书"来读。它比许多教育书更影响着我的职业，启示着我的人生。

走向内心，回到课堂

"有何胜利可言？挺住意味着一切。"十五六年前，我从某教育学者的书中读到里尔克这句简短有力的句子，瞬间就记住了。为了找原文出处，我买来不少里尔克的诗、散文、小说，《给青年诗人的信》便是其中之一。但那时，我还年轻，感觉所有美好的事物都在前方等着，根本无须什么"挺住"，只要不

"停住"就行。我对书信集是无感的，随手翻翻而已。第二次打开它，已是五六年后。

2010年，我担任学校德育处主任，兼高三年级的负责人和语文教师，压力与负担可想而知。但这不可怕，最不堪忍受的是繁杂的行政事务。我日甚一日感到"委屈"和无力，像掉进深不见底的坑里，四顾一片黑暗、寒冷。好长时间，我独自纠结挣扎。所幸，尽管如此，我始终未放弃阅读和写作，它们是我漂浮在无边海上的一根木头。

一天，我在书架中偶然碰到了《给青年诗人的信》，这本又薄又小的书，被挤在一大排书中间已经很久了。目光触及书名，若干年前读过的那句话蓦然出现了："有何胜利可言？挺住意味着一切。"霎时一道闪电划过我的天空。我早就查过，这诗句并非出自《给青年诗人的信》，但我仍伸手抽出书，像握住一只久违的温暖的手。我坐到书桌旁，第二次翻开它。

1903年，还在军官学校就读的卡卜斯向著名诗人里尔克诉说生活的"压迫之感"，里尔克回信告诉他，无论从事什么职业，压迫感"到处都是一样"，必须"居于寂寞"，不要受外界迷惑，也不要企图通过无聊的社交去消除它。接着，他建议卡卜斯："如果你在人我之间没有和谐，你就试行与物接近，它们不会遗弃你；还有夜，还有风——那吹过树林、掠过田野的风；在物中间和动物那里，一切都充满了你可以分担的事；还有儿童，他们同你在儿时所经验过的一样，又悲哀，又幸福，——如果你想起你的童年，你就又在那些寂寞的儿童中间了。"这些句子，有如清风吹拂过阴暗的心头，我一遍遍朗读着这些诗性又深邃的句子，心底渐渐亮起微光。

卡卜斯对自己的诗作缺乏自信，里尔克对他说："请你走向内心。探索那叫你写的缘由，考察它的根是不是盘在你心的深处；……这是最重要的：在你夜深最寂静的时刻问自己：我必须写吗？"里尔克回答的是写作问题，但此刻，他"走向内心"的劝告与"我必须写吗"的追问，却无端地触动了我。我不由得自问：这几年来自己所承受的行政工作，是"我必须做吗？""我的个性适合它吗？"不！那么，我最正确的做法是：回到课堂，回到儿童中间，从这里而不是别处，去体验学生时代的"悲哀和幸福"，这才是我"内心的工作"，而不是稀里糊涂地被世俗潮流裹挟着，去做各种不情愿的事，折磨自己，虚度光阴……

两天工夫，我仔细重读了《给青年诗人的信》，体会到冯至先生说的"往后我们读这些书时永远是个惊讶者"的意味，也看清了自己职业的方向。

从此，这本100多页的小书不再离开过我的案头。直到两个月前，发现另一家出版社出了大开本的《给青年诗人的信》，也是冯至先生的译本，我买来换下已被各种色笔涂鸦得凌乱不堪的旧书。

"以人去爱人"

在不同的信里，卡卜斯向里尔克诉说着情爱的苦恼，里尔克都耐心而坦诚地一一回复。里尔克写道：对待情爱，要有敬畏心，也不要被它迷惑；在"性"中，"超越一切的也许是一个伟大的'母性'作为共同的渴望"。这种母性，在少女、年轻母亲和老妇的身上，以不同的形式存在着，而且"在男人身内也有母性，无论是身体的或是精神的；他的创造也是一种生产……"另一封复信中,里尔克写道:"爱,很好;因为爱是艰难的。以人去爱人:这也许是给与我们的最艰难、最重大的事,是最后的实验与考试,是最高的工作,别的工作都不过是为此而做的准备。"多年来,每次读到这些话语,我总不由自主地联系起教育——教育何尝不是这样一种精神的创造和生产呢?而好的教育一定也是母性的,需要"以人去爱人",即把每个学生当成人。可从教以来,我是否能把每个学生看成一个"个人",而不是一个为自己获取名利的符号,或别的什么工具?

很庆幸,在我走上讲台的第11个年头,一本书——苏霍姆林斯基的《给教师的建议》——进入了我的视野。它让我第一次意识到,在教育的田野上,分数固然重要,却不是最重要的,更不是唯一的;语文课堂上,除了ABCD冰冷的选项之外,还有美的文学、深邃的哲思、喜怒哀乐的情感;课堂之外,更有广阔的生活、千姿百态的人生……所有这些,都是语文,都是教育。"人"是万物的尺度,"人"也是一切教育的目的。

读到"以人去爱人"几个字,我的脑海里就浮现出一张苏霍姆林斯基与小学生的合照:他坐在椅子上,几个小学生围在身旁,其中有个微笑的小女孩,右肘自然地放在苏霍姆林斯基的左肩……在《致未来的教师》一文中,苏霍姆林斯基说他常收到师范生的来信,而几乎所有的信都提出一个问题:在教育工作中究竟什么是最重要、最主要的?苏霍姆林斯基答道,他对这问题已经思考了32年,回答它并不容易,因为在他的工作中,没有哪一样是次要的。"不过,教育工作毕竟还是有个核心的,"他说,"最重要的是要把我们的学生看成活生生的人。"作为校长,苏霍姆林斯基还时常提醒老师们:并非所有的学生将来都会成为工程师、医生、科学家和艺术家,学校教育的首要任务是培养人，培养丈夫、妻子、母亲、父亲，而放在第二位的，才是培养未来的工程师或医生。——想到苏霍姆林斯基这番"提醒"，我有时不禁感慨：今天，还有多少教师的心里还装着培养"人"的教育理念？今天的校长，又有多少人还愿坐在学生中间，而孩子们把信任的小手放在他的肩头？

爱是艰难的，但"以人去爱人"，才是真正的爱，也是更艰难的爱。为此，里尔克说，爱必须通过学习，"用他们整个的生命、用一切的力量，集聚他们寂寞、痛苦和向上激动的心去学习爱"。

关于"爱"的话题，里尔克还向卡卜斯强调，爱不是使人迷失自我，相反，要在爱中成全自我。他认为，如果"每个人都为了别人失掉自己，同时也失掉别人，并且失掉许多还要来到的别人，失掉许多广远与可能性"，那么，这是一种错误的爱。他告诉卡卜斯："爱的要义并不是什么倾心、献身……它对于个人是一种崇高的动力，去成熟，在自身内有所完成，去完成一个世界，是为了另一个人完成一个自己的世界。"里尔克的话暗合了我内心对教师职业的看法：热爱教育工作，但不意味着必须在工作中"失掉自己"，教师应当在成全学生的过程中，也不断地建设自我，发展自我，成就自我。后来，我在做民国教育研究时，从钱穆先生的经历中，也加深了这点认识。钱先生从普通的乡村小学教员，到登上北大、清华讲坛，成为一代史学大家，即印证了里尔克所谓的"爱的要义"的正确性和可行性。

三年前，我终于辞去了所有行政职务，回归做一名单纯的语文老师。从此，多了些余力去从事我喜欢的民国教育研究。这是我对里尔克"以人去爱人"的另一层解读——以人去爱"己"。

建造心中的"神"

三年前的一天,年轻教师 L 发来微信,诉说她在学校里亲历的事情:学校举办元旦文艺演出,因场地有限,只允许高一部分学生前往观看,领导挑选快班学生参加,而慢班学生待在教室里自习。得知情况后,慢班的学生情绪激动,L 只能尽力安抚。微信的最后,L 抛给我一个问题:王老师,为什么你 10 年前批评的教育现象,如今依然存在?

我想起 10 年前的一段往事。2008 年,学校举办一场文艺联欢会,也是会场座位有限,年段学生无法全员前往观看。当时我是年段的负责人,为公平起见,拟采取抽签方式决定哪些班级参加,后来,由于某些原因,校领导要求年段只选表现好的快班学生前往。几天后,我收到了一封学生的匿名信,表达了慢班学生的不平。此事深深地刺痛了我,我把整个过程和自己的思考写成文章在省内某教育刊物发表,曾引起一些校长和老师的关注。

时隔多年,当年那一届的学生 L 早已大学毕业当了老师,竟然也遇到类似的问题。我读着她给我的信息,仿佛读着 10 年前那位高中生塞进我抽屉里的匿名信,心情一样沉重。

沉思良久,我回复 L:教育的进步,如同社会的进步,哪怕一点点,往往需要漫长的过程,唯有忍耐,才能看见未来。你我所能做的,就是做好自己的事,平等对待学生,关爱学生(就像你今天做的),进而去感化周围的人,这就是胡适先生提倡的"得寸进寸"。我无法回答你的问题,但对未来我始终充满信心，我相信，社会总要往上走的，因为人性有光，文明是一种力量。

第二天，翻到昨晚与L的来往信息，心绪依旧难平。我突然记起《给青年诗人的信》中的几段话，随手打开书就找到了，每个字似乎都是为我而写的：

好好地忍耐，不要沮丧，你想，如果春天要来，大地就使它一点点地完成，我们所能做的最少量的工作，不会使神的生成比起大地之于春天更为艰难。

像是蜜蜂酿蜜那样，我们从万物中采撷最甜美的资料来建造我们的神。我们甚至以渺小，没有光彩的事物开始（只要是由于爱），我们以工作，继之以休息，以一种沉默，或是以一种微小的寂寞的欢悦，以我们没有朋友、没有同伴单独所做的一切来建造他……

在这封信里，里尔克希望卡卜斯努力去建造的这个"神"，在我心目中，就是"信念"或"信仰"的化身。它无关乎宗教，却与我的职业生活乃至生命状态息息相关，拥有它，无论置身于什么环境，我都心怀一份前行的希望。

我曾把《给青年诗人的信》一书送给L，不知她读了没有。

今年8月下旬，女儿即将返回深圳教书，这是她入职的第二个年头。新手教师最艰难困苦的第一年是挺过去了，但教书工作，是没有完全轻松容易的时候的。想到当下教师职业遭遇的种种困难，想到女儿骨子里的某些"浪漫基因"，我仍担心她会有所不适应。于是在女儿临行前，我拿出新的《给青年诗人的信》给她。这是我收藏的最后一本《给青年诗人的信》。女儿接过书,惊讶道:"几年前不是送我一本了?"我半开玩笑说:"没关系,现在你的身份不是大学生了,是教师。有空重读一遍,给人生重新定位一下,也给自己补充点儿'正能量'。"其实,我希望她在教书过程中遇到艰难或不合理的事情时,能看到光亮的一面,并在心中为自己建造一个"神"。

1937年,冯至先生在《给青年诗人的信》的译者后记中深情写道:"当我于1931年的春天,第一次读到这一小册书信时,觉得字字都好似从自己心里流出来,又流回到自己的心里,感到一种满足,一种兴奋,禁不住读完一封,便翻译一封,为的是寄给不能读德文的远方的朋友。"

此刻,这个初冬的午后,第N次重读这十封信时,我像穿越时空,遇上了120年前的里尔克、卡卜斯,也遇上了80年前的冯至,我们喝茶聊天,我们谈写作,谈职业,谈性与爱,谈寂寞,谈人生,对了,还谈教育,谈春天……

2021年7月

中年读书

"少时不懂读书,懂时已是中年",近年翻书时常有这样的遗憾。这里,绝无倚老卖老的意思,且所谓"懂"也只凭个人的感受,或许依然是懵懂呢。每看到身边一些好学的年轻教师,勤勤恳恳与书做伴多年,结果除了嘴里多出些时髦术语,实质上原地转圈圈,此时类似的遗憾便油然而起。

世间没有绝对正确的读书法。读书的目的不同,方法也随之而异。出于消遣,躺在沙发上,漫无目的地翻流行杂志或刷微信,一目十行,不亦快哉,这就是正确的读书方法,然而,它却不适合研读柏拉图的《理想国》。反之亦然。我这里说的读书,不是指向消遣性这一类的。

人过中年而读书,我常提醒自己努力做到"三要"。

要"跳出舒适区"

一个人的成熟,需要不断自我打开,主动接受新环境的刺激和碰撞,由此积累阅历,增长见识,磨炼意志力。读书也是。从广度上言，接触的书必须尽可能地广泛些，如名将的开疆拓土，以避免"偏食"造成的目光狭窄。教师群体有个明显的阅读特点，就是爱读教育类的书（教参类的书还不包括），这种不敢离开熟悉领域的小圈子阅读，无疑收缩了教师的精神空间，长此以往，将导致思想的扁平化与思维的雷同化。一些名师的课堂或文章，若仔细品味，总能品出名师背后的特殊"书架"来。当下读书界推崇"跨界阅读"，我认为非常有道理。

从深度上言，读书也需经常自我挑战，即有意识给自己加压和设立小目标，每一段时间，啃一两本有难度的作品，尤其名著。我这几年，每个暑假会给自己一个任务，集中读某位历史学家或哲学家的著作。比如，今年暑假，我计划读的是心理学家、哲学家弗洛姆的书。读过的史书或哲学书，有的我至今无法领会，更多的是如风行过水面，了无痕迹，但那部分能读懂的，让我受益多多，每次回想起，内心的海洋瞬间深广、明澈起来。

要"由博返约"

读书求其广博，但一味的广博并非读书的最终目的。实际上，个体的精力与生命是有限的，所谓"吾生也有涯，而知也无涯"。特别是教书职业，一年到头，繁杂事岂止百件千件，原本就占去了大部分时间。在极其有限的条件下，教师如何从阅读中获得高效收益呢？我觉得，有必要遵守"集中精力做好一件事"的原则。《论语》中记载孔子与弟子赐一段不乏幽默的对谈。孔子明知故问地对弟子赐说："赐，你觉得我是个博学多闻的人吧？"赐肯定地回答："当然，难道不是吗？"孔子摇头道："错了。我只是做到'一以贯之'。"孔子说的"一以贯之"可理解为"自始至终，把一件事贯穿到底"，即做事不三心二意，朝秦暮楚。在《论语》中，孔子还提出"君子博学于文，约之于礼"，也是主张学习或读书得处理好"博与专"的矛盾：既要广博，更要有个明确方向。当然，读书方向可以是短期性的，例如关注某个小问题，有目标地去阅读；也可以是长期性的，如围绕某个主题制定若干年的读书规划。我自2012年专心做民国教育的材料整理，至今已七年，虽然没做出多少贡献，但在自己看来，还是有点儿成就感的，至少个人对该领域某些问题的理解，会比之前深入，我想，再努力若干年，在民国教育方面，我还会有所进步的。

要"反己、体会"

国学大师钱穆年轻时的读书经历颇有借鉴价值。当时钱穆在无锡的鸿模小学任教员，有位同事（也是钱穆的小学与中学的同窗）叫沛若，为人好学而忠厚善良。他曾对钱穆说："你喜欢读《论语》，里面有一条写着：'孔子所谨慎小心的事有三件：斋戒，战争，疾病。'现在你患了伤风，虽然还没严重到发烧，但也是病。可以不必紧张，不过也不能麻痹大意。应该依照《论语》说的那样遵守小心谨慎的'慎'字，不让病情加深，那么过几天就会自愈了。"钱穆一听如醍醐灌顶，从此以后，读《论语》，开始逐字逐句地"反己"，务求"从日常生活上求体会"。钱穆从沛若的话中获得的这番体会，恰恰道出了读书的根本所在。读书固然可以不求甚解，自娱自乐，但对于一个真正的读书人，对于教师，仅此是不够的，还应跳出书本，返回自身，反省自我，省察人生，不断提升个人的学业与修为。否则，为读书而读书，其价值就难以获得充分的表达。

对教师而言，"反己与体会"包含两个层面。首先是反思自己平时的教育教学行为。读教育类书籍，要把书中的理念经过融会贯通之后，尽可能地融入日常实践中，而不是理论是理论，课堂归课堂，成为两张皮。比如，罗素提出，教师应该把学生看作目的而不是手段。那么，我常反省自己：教学中，我是否太偏重学生的分数，而忽略了其他？我是否为了提高自己学科平均分的两三分，而剥夺了学生休息的时间与独立思考的空间？又如，当领导以考上名校的标准来衡量一位老师的教学业绩，我能否坚守自己的教育信念与标准，对领导的功利行为大胆说"不"？进言之，我能否根据自己的教育实践，对某本书中的某个观点也提出质疑，发出自己的声音？

"反己与体会"的第二个层面——也是更高的层面，就是把书本理论化入自我的生命体验中。我主张，读书即读人。这里的读人，既包括"读"作者，也包括"读"自我。所谓"读者"二字，在我看来，乃是"读自己"。带着这样一些理念去读书，就能把书与人、过去与当下、外部世界与内在心灵，把僵硬单一的知识与柔软丰富的人生，联结起来，并产生某种呼应。此刻，捧在手里的每本书，都因之拥有了跳跃的脉搏。读一本书，就是跟自己的灵魂进行一次真挚的对话。

我从事民国教育史料梳理工作的这些年，出版过几本小书，

但对我来说,这并不是最重要的。我曾在《先生当年——教育的陈年旧事》一书的后记中写道:

> 读什么书,等于跟什么样的人在一起。这些年专注于民国人物的阅读,我仿佛穿越时空,回到半个多世纪之前,和一群智者相处相知,眼见他们在大时代的浪潮中起起伏伏,感受着他们的悲悲喜喜。他们的一言一行,感染着我,滋养着我。有一天,我突然发现自己身上的很多东西不知不觉间改变了,比如生死观、价值观、教育观、人生态度等。至于民国时代的那些教育细节,它给我的启示就更多了。所有这一切,都是我在读、编、写过程中获得的"奖励",也是任何课堂和其他书籍所不能给予我的。

读书大半生,人到中年时终于读出这点儿味道,比什么都值得。

以上读书"三要",纯属一己之感受,准确说,是我多年胡乱读书留下的教训。古人云:"往者不可谏,来者犹可追。"面对书架上的好书,为了不负它们,也不负自己二三十年的余生,今天写下它,权当作自己读书的座右铭。

2019 年 6 月

读书,第一要紧是把自己弄"通"
——民国名家的读书经

俗语道"戏法人人会变,各有巧妙不同",读书亦然。回顾民国名家们的读书经验,长枪短剑,南拳北腿,各有各的精彩。郭沫若和郁达夫认为,读书要从目的出发,或为学习而读书,或为创作而读书,或为研究而读书等,目的不同,读法不同;而夏丏尊认为,读书应该视不同类别的书而异,不同的书有不同的读法;梁启超、林语堂提倡趣味主义,陈垣、梁实秋则反对读书只凭兴趣,要养成苦读的习惯……尽管如此,从民国名家林林总总的读书经验中,仍可梳理出一些带有普遍性和启发性的"读书经",以资借鉴。

"随便翻翻"

不少民国名家从小接受的是传统的私塾教育,可奇怪的是,成人后的他们却承认自己真正的阅读启蒙,大多来自小时候那些漫无目的的"杂览"。周作人在《读书的经验》一文中说:"在书房里我念过《四书》《五经》《唐诗三百首》与《古文析义》,只算是学了识字,后来看书乃是从闲书学来。"后来懂得文章的好坏、思想的是非,是他长期博览古今中外的书籍后"暗中摸索"出来的。

同样,美学大师朱光潜在《从我怎样学国文说起》里回忆儿时的阅读,也是在父亲的教导下,读《四书》、《五经》、纲鉴、《唐宋八大家文选》等科举应试的"敲门砖",但他不满足于此,偷偷浏览了大量"闲书",从《史记》《战国策》到《三国演义》《水浒传》《西厢记》等小说、戏剧,乃至《麻衣相法》等杂七杂八的书,"总之,我幼时头脑所装下的书好比一个灰封尘积的荒货摊,大部分是废铜烂铁,中间也夹杂有几件较名贵的古董"。直到上了大学,朱光潜才开始接触外国作品。然而,正是少时的正规训练和杂览旁收,刻下了朱光潜一生的写作"基因"。

这种"无心插柳柳成荫"的涉览,即鲁迅颇为推崇的读书法——"随便翻翻"。鲁迅在一次演讲中希望年轻学子们看书首先要"杂",哪怕"讲扶乩的书,讲婊子的书,倘有机会遇见,不要皱起眉头,显示憎厌之状,也可以翻一翻",他还将杂览比作游公园,"随随便便去,……所以会觉得有趣"。

读闲书,除了轻松有趣,还便于打开视野,增进常识,同时读者能从中摸索出读书的门道,发现自己的"趣味"所在。1923年,梁启超为当时《清华周刊》推荐"国学入门"书目时说:"学问固贵专精,又须博涉以辅之。况学者读书尚少时,不甚自知其性所近者为何。随意涉猎,初时并无目的,不期而引起问题,发生趣味,从此向某方面深造研究,遂成绝业者,往往而有也。"为此,他专门推荐了一部分"有趣"的书,"供学者自由翻阅之娱乐"。兴趣是学问的导师。人一旦找到了契合自己的"趣味",也就遇见了自己的天赋所在,往往会产生浓厚的探究欲望,乐此不疲,成就一番事业。这也是林语堂所称的"自动读书法"。

今天,人们忙里偷闲之际,喜欢"随手翻翻"手机,上天入地,漫游一番,或刷新闻,或浏览电子书,我以为都算作"杂览",是一种不错的阅读习惯。

读"基础书"

当然,只凭个人兴味而"随意翻翻"的人,或许能成为"无所不通"的杂家,却很难在某一领域成为行家里手。蔡元培是著名的教育家,也是一位学者。他晚年总结一生的读书经历时,却诚恳地检讨了自己的"不得法"。他说年轻时求知欲很强,"以一物不知为耻,种种都读,并且算学书也读,医学书也读,都没有读通"。到了40岁,一会儿学德语,一会儿学法语,可都不算精通,后来去德国大学学习,哲学史、文学史、文明史、心理学、美学、美术史、民族学,统统去听课,相关的参考书,也乱读起来,但终究没能在具体某学科有所建树。蔡元培的话固然是自谦,但其中的道理,足以给读书人一个提醒,那就是读书不可泛滥无边,必须处理好"博与专"的关系,尤贵在"博"的基础上有所"专"。史学大师陈垣在与北京师范大学历史系1961届毕业生谈话中,就要求学生做到博与专的"辩证统一":"世界上的书多得很,不能都求甚解,但是要在某一专业上有所成就,也一定要有'必求甚解'的书。"

可惜,现实生活中,大部分的读书人都没觉悟到这点,结果是：阅书无数，一事无成。

读书如何做到"专"？民国大师们提供了许多宝贵经验，兹列举三点：

一是读"基础书"。随着社会的发展，书籍愈来愈多，单是每年出版的新书就已浩如烟海，从某种意义上说，书籍成了读书人的一种负担。朱光潜在《谈读书》中提到，中国古代学者因书籍难得，皓首穷年才能治一经，不过，书读得少，"读一部却就是一部，咀嚼得烂熟，透入身心，一生受用不尽"。而现在书籍易得，一个青年学者就可夸口读书万卷，然而真正"留心"的却少得可怜，还由此养成了浮浅虚骄的习气。至于普通读者，不仅贪多嚼不烂，而且四面出击，拣到篮子里都是菜，在书海中迷失方向，徒然浪费了大量的时间和精力。因此朱光潜建议，与其读十部无关轻重的书，不如以读十部书的时间和精力去读一部真正值得读的书，比如浮皮潦草地读许多本谈论希腊哲学的书，不如熟读一本柏拉图的《理想国》来得受益良多。著名学者、作家金克木把类似于《理想国》这样的"原典"称为"基础书"，后世千千万万同类书籍就是从这些为数不多的"基础书"里发源的。

二是心中有个远景目标。民国著名学者张其昀说："为学必先立志，自家有主意头脑，方有以自立。"意即读书人须先立个目标，然后才能学有所获，仿佛种树先必有根，再经浇水施肥，最后才可能茂盛生长。否则，读书人"以书为主"，势必被书牵着鼻子走，成为"书奴"，这种阅读往往是迷茫的、低效的。在张其昀看来，读书人心里有个清晰目标，即便杂览群书，也能不迷失自己，并能做到"专而不杂，致一而不懈，故得精通"，好像一个雪球，无论滚多远，都能吸住沿途的雪花，让自己越变越大。

三是"读书必须有一个中心"。如果说"心中有个远景目标"是着眼于长远的、宏观的,这里的"中心"就是比较短期的、微观的。在朱光潜看来,这个读书的"中心"或是某个科目,或是某一问题。如果以科目为中心,就要精选那一科重要的典籍,逐部从头读到尾,以求对于该科获得一个概括的全貌的了解,为进一步的高深研究作准备;如果以问题为中心,心中先有一个着手研究的问题,然后找相关书籍去读。这种心中"有一个中心"的读书法,其最大优点在于有计划、有系统性,不至于东鳞西爪,事倍功半。当年,胡适知道顾颉刚生活拮据,有意让他标点古书《古今伪书考》,以便多挣点稿费。那是一本小书,胡适以为十天半月就可以完成。哪知大半年已过,顾颉刚还毫无动静。原来顾颉刚对古书中的每条引言,都去翻查原书,仔细校对,注明出处和删节之处等,所做的工作已经远远大于简单的标点。又过了许久,顾颉刚告诉胡适,《古今伪书考》不必付印了,他现在要在标点和研究的基础上,编辑一部疑古的丛书,叫作"辨伪丛刊"。一两年后,顾颉刚再次不满足于自己编辑"辨伪丛刊"的计划,打算自己创作了。后来,果真如胡适判断的那样,顾颉刚成了中国史学界贡献不可限量的大学者。这就是"有一个中心"的读书法所产生的效力。

"读与自己意见不合的书"

著名作家、学者曹聚仁在父亲的管教下,从小学开始读《近思录》《朱文公全集》《王阳明全集》,他发现这些书之间存在着不少矛盾,便询问父亲,父亲也无法解答。到了师范学校,他遇到博学多闻的单不庵老师,非常敬仰。再后来,他接触了胡适、梁启超、顾颉刚等人的观点,又对单老师的观点产生了怀疑,觉得他虽博学却没有自己的见解,就像在沙漠吸水一样,大量地吸收了知识,却不能喷一点点到地面上来。为此,曹聚仁总结出三条"读书经":第一,时时怀疑古人和古书;第二,有胆量"背叛"老师;第三,组织自我的思想体系。

这三条经验中,"怀疑"是基础,也是最重要的。

那么,怎能做到读书有疑呢?

首先必须不存成见。顾颉刚在《怎样读书》一文中写道:读书,是要借助书籍寻出一条求知的路,而非让书来限制我们的思想,"读书的时候要随处会疑。换句话说,要随处会用自己的思想去批评它"。基于此,顾颉刚提醒读者,读书时不可先存成见,把某一类经典当成标准,而把别的书都通通视为旁门左道。

其次不能"偏食",要多读与自己意见不合的书。就像喜欢结交与自己"性相近"的朋友一样,很多读者只读跟自己"情投意合"的书,对于那些趣味、观念不相近的书,往往不屑一顾。如果单纯为了消遣,这种读法无可厚非,甚至称得上是一种很健康的精神按摩。但从扩大视野、增益智慧看,同质的书读多了,难免出现近亲繁殖的恶果,无异于给自己画地为牢。因此,金克木提出一个主张——多读与自己意见不合的书。他说,读"异见"书:"可以使自己瞿然一惊,然后以敌人的态度去观察这本书的意见。结果若是自己被人折服,自然是自己原有的见解不对,从此便更进一步;若自己攻破了书中的理论,也就是自己受到了一次论敌的冲锋,无形中也加强了自己的力量。"这就像习武者,必须经常找高手过招,多挨别人的拳脚,才能获得更快的进步。

陈寅恪是史学大家,也是举世公认的 20 世纪最博学的人。他把"读书贵在质疑"的理念提升到另一层境界。在讲授"晋至唐文化史"这门课时,陈寅恪告诉学生:本课程的学习方法,就是要看原书,获取真实具体的史实,再经过认真细致、实事求是的研究,得出自己的结论。总之,读书一定要有独立精神、自由思想、批评态度。

读原书、实事求是、独立思考、自由精神,这是陈寅恪读书、治学的方法,也是他一生为人的根本。把读书、做学问与生命实践融为一体,知行合一,无论环境多么险恶,依然至死无悔,陈寅恪先生堪称读书人的典范。

以上若干"读书经",是民国名家读书经验中的一小部分。然而,不管多么独特或美妙的读书法,最终取决于读书的"人"。1925 年,鲁迅应《京报》副刊征求十本"青年必读书"的征文,发表了后来引发争论的一个言论:"我以为要少——或者竟不——看中国书,多看外国书。"随后,周作人也发表了《古书可读否的问题》一文。周作人认为古书"绝对的可读",只要读的人是"通"的。他说:"读思想的书如听讼,要读者去判分事理的曲直;读文艺的书如喝酒,要读者去辨别味道的清浊:这责任都在我不在它。人如没有这样判分事理辨别味道的力量,以致曲直颠倒清浊混淆,那么这毛病在他自己,便是他的智识趣味都有欠缺,还没有'通',不是书的不好。"反之,倘若是未通的人,即便让他去读什么新书,也会弄糊涂。所以,周作人主张:"我们第一要紧是把自己弄'通',随后什么书都可以读，不但不会上它的当，还可以随处得到益处。"读了上百篇民国名家关于读书的文字，周作人这几句话，是我最欣赏的。尤其在当下，每看到有人主张这个不许读，那个不能碰，我就忍不住想起这番话，并深深叹息。

2021 年 3 月

在纸页间读出"人"来

2015年这一年,我的读书目的很明确,或者说很功利,一为编书,二为讲课。这种专题性的阅读方式,决定了涉猎面相对狭窄。尽管如此,回首所读之书,仍能在纸页间清晰地辨认出一个字——"人"。

苏霍姆林斯基:每一个学生都是大写的人

为准备一个读书讲座,我用了两个月的课余时间,专心读苏霍姆林斯基的《给教师的建议》,这是我第三次捧起此书。这一次,除了通览全书外,我还反复批阅了部分篇目,有时竟忘情地朗读起来。

10多年前,《给教师的建议》偶然间成了我的教育启蒙书。今天,我已是个有24年教龄的老教师,依然被这本书打动。谢世40多年的苏霍姆林斯基,仿佛不曾远逝,成为了我们的同代人;书中的许多话语,仿佛是针对当下的教育境况有感而发。

面对老师们关于"在教育工作中什么最重要"的追问,苏霍姆林斯基说,这个问题他已经思考了32年,但回答起来并不容易,因为在教育工作中,没有哪一样是次要的,"不过,教育工作毕竟还是有个核心的,最重要的是要把我们的学生看成活生生的人"。

书中,调皮捣乱的八年级学生米哈伊尔终于在毕业前3个月自动离开了学校。老师们都松了一口气,尤其是米哈伊尔的语文老师妮娜,因为米哈伊尔的作文最差,师生关系也最僵。几年后,成了一名优秀维修工的米哈伊尔,偶然间走进了语文老师的家。米哈伊尔的改变,深深地触动了妮娜老师。事后,妮娜对同事们说:"当他在修理电视机的时候,我惊奇地看着他,心里想:这完全不是当时在我的课堂上的那个人啊。我们作为教师,怎么会没有发觉,在我们认为无可救药的懒汉和毫无希望的'两分生'身上,在他们的心灵和双手里,还蕴藏着天才呢……不,这不仅是蕴藏着一个巧匠的天才,而且是蕴藏着一个我们没有看到的大写的'人'。"

妮娜老师的反思,触及一个根本性的问题:学校教育的目的是什么。苏霍姆林斯基在《怎样培养真正的人》中作出了回答:"不是你所有的学生都会成为工程师、医生、科学家和艺术家,可是所有的人都要成为父亲和母亲、丈夫和妻子。假如学校按照重要程度提出一项教育任务的话,那么放在首位的是培养人,培养丈夫、妻子、母亲、父亲,而放在第二位的,才是培养未来的工程师或医生。"然而,环顾身边的老师和家长,有多少人把学生(孩子)当成大写的"人",当成独一无二的个体,当成未来的父亲和母亲、丈夫和妻子来看待?

爱默生在《美国学者》的演讲中描述了一种恐怖的社会状态：每个人都好比是从躯体上锯下的一段，形同怪物——一截手指、一个头颅、一副肠胃、一只臂肘，但从来不是完整的人。学校，一旦背弃了培养"人"的目标，其生产出的"产品"，不就是这样一些怪物吗？

重读《给教师的建议》，是2015年里一件丰收的乐事。我重逢了一位慈爱、宽厚、睿智的教育家——苏霍姆林斯基，重温了"把学生看成活生生的人"这一条朴素的教育箴言。

民国课堂：传递人与人之间的情意

在我酝酿本文的这些天里，发生了两件让人痛心的事：一是复旦投毒案的凶手林某被执行死刑，二是邵东高三学生弑师案。两起悲剧都出现在校园里，悲剧的主角都是成绩比较优秀的年轻人，于是我不能不联想到当下的教育。今天的课堂，往往只见知识不见情感，只见分数不见人——老师的脸、学生的脸，一样的模糊不清，一样的紧绷僵硬。这些原本丰富动人的脸，被一串串分数抽打得面目全非。

我想到上半年刚编完的一本关于民国课堂的书。这项工作早在去年已完成了大半部分，今年只是增补了一些文章。但为了找到切题的文章，几个月里，我浏览过的民国名家的回忆录、日记就不下几十部。在阅读这些书籍的过程中，我常为书中呈现出的民国课堂的某些细节而惊喜和感叹。这些细节以及背后蕴藏的人文精神，恰是今天的课堂所普遍缺乏的。

丰子恺在自传中多次忆及杭一师的音乐老师李叔同先生。

上音乐课时，有的同学看不相干的书，有的同学把痰吐在地板上。李叔同先生没有立刻责备他们，而是等到下课后，才用很轻而严肃的声音郑重地说："某某等一等再出去。"待到别的同学都走了，他又用轻而严肃的声音对这名同学和气地说："下次上课时不要看别的书"或者"下次痰不要吐在地板上"。说完李叔同先生微微一鞠躬，表示"你出去罢"。这些同学无不惭愧自责，很快改正了错误。

老艺术家秦怡在《我的老师》一文，追忆她在上海中华职业中学读书时，一次语文课上偷看《莫斯科印象记》的故事。教语文的彭老师发现了，拿过书细细地翻阅，既没有没收书，也没罚站，却要求秦怡"把这本书看完后，写一篇感想交给我"。之后秦怡就按照老师的要求，把所有的感想都写了出来，让老师点评，老师还推荐秦怡读各种观点不同的课外书。几十年后，念及恩师，秦怡深情地写道："是他启发我，在那样一个社会中，在人生的道路上，像是在走钢丝一样，不小心是要跌到深渊中去的；是他让我从许多知识中，懂得人应该是有思想、有血肉、有抱负、有理想的，不应该辜负'人'的称号。"

台湾学者齐邦媛在长篇回忆录《巨流河》中谈到抗战期间，朱光潜先生在重庆教他们英文诗。一天，教到华兹华斯的诗《玛格丽特的悲苦》，朱先生高声朗读，当读到"天上的鸟儿有翅膀……链紧我们的是大地和海洋"时，联系到中国古诗有相似的"风云有鸟路，江汉限无梁"之句，竟然语带哽咽；当念到最后两行"若有人为我叹息，他们怜悯的是我，不是我的悲苦"时，朱先生再也控制不住，眼泪流下双颊，接着他突然把书合上，快步走出教室，留下满室愕然。

如此鲜活的课堂实例还有很多。翻阅这些民国史料,我脑海里不时跳出一个问号:什么才是良好的教育、美好的课堂?道理我讲不出,但我敢肯定地说,民国时代这些课堂就是这样的课堂,有老师的真性情。这样的课堂,传递的不只是知识,还有为人的风范,以及人与人之间的情意。

　　古希腊哲学家普洛泰戈拉说过,人是万物的尺度。我想,人更是教育的尺度。可惜,这种"人"的课堂太少了。我们的课堂,"人"都去了哪里?

名家散文:保持对人性美的信念

　　暑假伊始,我着手编一本名家散文选。华东师范大学出版社编辑朱永通先生所给的这个选题算是戳到我的心坎里了。大学期间,我就迷恋上现代散文,年少轻狂的我还试图写一部中国散文史呢。当了中学教师后,我对散文之情仍旧难以忘怀,见到好的散文集子一定要买回家。这次编书,一本本挑出来,掸去灰尘,发黄的书页在日光下,幽香阵阵,弄得自己一时晕眩,恍若隔世。

　　印象中,冯至先生是现代最优秀的诗人之一。没想到,打开《冯至文集》,我发现了先生的另一面。文集中为数不多的散文,篇篇像晨星似的在黯淡书页间发亮。其中一篇写了两个无名的小人物。一是乾隆年间的吴道士,仅靠手中的一凿一锤,无顾寒暑风雨,十几年如一日,在峭壁边敲出一条道路来,让后来者从此安全地登上龙门石窟。二是写了一个出海的人,船触礁后被人救起。从此,他放弃了身外的一切,到处化缘。历经无数磨难,他终于筹足了钱,在他当年遇险的荒岛上,造起了一座灯塔。每天他登上塔顶,为来往船只燃起灯光,直到生命的最后一刻。文章最后,冯至先生写道:"人间实在有些无名的人,躲开一切的热闹,独自作出来一些足以与自然抗衡的事业。"这篇题为《人的高歌》的散文,展现了人类的坚韧品性与博大情怀。

《萧红自述》中,作家回忆,小时候每当挨了悭吝寡情的父亲的毒打,她就来到祖父房里,面朝窗子而立,从黄昏到深夜。窗外白雪茫茫,屋内暖炉上的水壶盖振动着,像伴奏的乐器。祖父走过来,粗糙的两手放在她的肩上,又放在她的头上,说:"快快长吧!长大就好了。"20岁的萧红终于逃离了家庭,她"长大"了,生活却没有"好"起来,然而"从祖父那里,知道了人生除掉了冰冷和憎恶而外,还有温暖和爱"。于是她对未来,"怀着永久的憧憬和追求"。

张中行的《汪大娘》,多年前读过,至今已毫无印象。这次重读,不经意间被震撼住了。多好的文字!看来,有些书,阅读者不具备一定的阅历,充其量是隔靴搔痒。汪大娘本是个不识字的佣人和粗人,她正直、质朴、宽厚,即便在荒谬的"文革"年代,也不肯说谎,陷害他人。汪大娘的行为,常使张中行质疑一个问题,"常说的所谓读书明理,它的可信程度究竟有多大呢?"是的,想到"文革"时那些所谓"读书明理"的人,为一己私利,彼此倾轧的景象,对人性的幽暗复杂,我们会有进一层的认识。

然而,在萧红和张中行的文字里,我分明又看见那一束人性之光,穿过黑夜和乌云,照亮天空,也温暖了自己。

整个暑假,我浏览了近20位重要作家的散文。对于我而言,这种阅读已远远超出了编书的目的和文学上的意义。

文学是人学，教育学也是人学。不了解人性、不以人性为起点的教育，是没有温度的，甚至可能与教育的本质背道而驰。而现实中的教育环境，却常使人沮丧灰心，并且，教书越久，心底的灰色越深。倘若没有始终保持对人性美的信念，我不清楚，自己的职业之路是否会愈走愈狭窄，以致最终迷失、沉沦。

感谢这个假期我读过的这些散文，它们让我感受到人性的光亮与力量，也让我忙碌疲惫的心慢下来、静下来。

尾　声

前几天，一个难得的周末上午，大片的阳光打在书房地板上，慷慨而暖和。坐在沙发旁，泡着茶，一边拆开半年前购买的新版《大地上的事情》。这本散文集初版于20年前，是诗人苇岸生前出版的唯一著作。我迟迟没有翻开它，是因为总觅不到一整段静谧的时光和静谧的心情。

读着，读着，我突然凝固住了，双眼噙满泪水。

> 麦子是土地上最优美、最典雅、最令人动情的庄稼。麦田整整齐齐摆在辽阔的土地上，仿佛一块块耀眼的黄金。麦田是五月最宝贵的财富，大地蓄积的精华。风吹麦田，麦田摇荡，麦浪把幸福送到外面的村庄。

这是几句普通的话而已，却瞬间唤醒了我的记忆——那被我疏离太久的乡村，在稻田里劳作的少年时代，从脚底下升起的稻香……

那一刻，我为在书中遇见久违的自己而庆幸：多年来，在种种压力之下，我还未像"机械师变成了机器，水手变成了船上的一根绳子"（爱默生语）似的变成一截粉笔，我居然还能感动，还能流泪……

2015 年 9 月

附 录

王木春：一个教育忏悔者

谢 云

一个人活到某个年纪，往往意味着"胜利"

谢云：木春，你从教20多年了，怎样看待自己的教学生涯？

王木春：我曾经说过，我天生是当教师的料，这句话既有自夸的成分，又包含了对命运的臣服。教师职业卑微，但也可以不卑微，关键在于自己。我比较骄傲的一点，是能不断把"自我"甩在后面，寻找另一个自我。于是多少跳出了"教书匠"的单一角色。

谢云：你是全国优秀教师，又是福建省特级教师，还出版了个人专著《身为教师——一个特级教师的反思》，引起了不小的反响。在你看来，个体的努力之于整个中国教育有着怎样的意义和价值？

王木春：惭愧！其实我配不上这么高的荣誉。我是个平凡的教师。这些荣誉，只是因为我年轻时搞应试弄出点成绩，不足为外人道。至于我个人对于整个教育的意义和价值，根本不值一提。如果一定要找出点什么意义来，那就是，我的成长经历，可以给人一个启示：只要愿意，每位教师都能在教育中完成自我建设，实现自我价值。体制固然强大，但绝非人们想象的那么坚固严密，不留空隙。我在语文教师中算是"异数"，我自称"游击队员"，比如说，我曾经多年不写论文。并非我轻视论文，而是厌恶那种机械的写作套路。随笔式的写作方式，并不妨碍我思考、表达，并成全自己。

谢云：我在你的文章中看到过你早年的经历，比如童年时的饥饿，刚参加工作时的窘困。这些经历对你做教师有着怎样的影响？

王木春：饥饿和贫穷是我一生沉重的印记，对我影响很深。首先，它迫使我在从教之初的十多年，心无旁骛地扑在应试上，因为我急需钱，必须先填饱肚子再说别的。其次，它影响了我对物质的态度，既看重又看淡。金钱是一种力量，若没有钱，人很容易沦为钱的奴仆。但有了必要的保障后，就应该和物质拉开距离，保持自我的独立，追求一些精神性的东西。再次，它影响了我看职业、看现实的角度。校园不是天堂，教师也得吃饭。教书也是谋生的一种方式。因此，我从来不把教书看得多么"高大上"。

教师是普通人,凡身肉体,在没有充足的物质保障的情况下,必须格外爱自己。我说的"爱自己"不是指凡事只为自己考虑,而是说教师要注意锻炼、休息,别把自己当成"斗鸡"。另外,生活中、教育中的谎言太多,我对各种漂亮的口号和承诺比较能够保持理性与警觉,如果没有亲历饥饿和贫穷,不一定能做到这点。

> 谢云:你一直在一所学校工作,而且是你的母校。在母校教书,是不是会有很多尴尬和困窘?能谈谈这方面的情况吗?

王木春:刚从教那几年的确有些尴尬。中学时我是个标准的"差生",认识我的老师很少。工作多年后,在学校里我依然属于小字辈,我曾开玩笑说:"在校园里走路我都要很小心,眼观六路、耳听八方,注意和遇到的每个人打招呼,因为他们可能就是我的师长、师兄,或者领导。"不过现在我也算老教师了,年轻人一茬茬冒出来,我也就不用时刻准备着跟别人打招呼了。

在一个地方待久了,困窘肯定很多。熟人世界最大的困窘是,时间过多地被各种俗事占领。周围盘根错节都是你的亲人、朋友、同学、同事,一年到头,红白喜事且不说,平时难免有些应酬,业余时间受到极度挤压。我这几年不得不让自己"部分闭关",这样在别人眼里,我又成了"怪物"。好在我渐渐老了,在中国,一个人活到某个年纪,往往意味着"胜利",这"胜利"就是你有资格"任性"。

当然，长期待在一所学校的好处也不少。比如，人比较自在，这符合我的性格，散淡、随缘。

谢云：你曾经是学校的中层管理者，这是很多一线教师比较看重的。所以对你辞掉中层管理者职务的举动，有很多人不理解，现在你怎么看这个问题？

王木春：年轻时，我极不自信，又爱虚荣，所以想混个中层，给脸上贴金，也壮壮胆，当然也看重中层位置背后的实惠。后来我发觉这位置有些"凶险"，而且我本性不是搞行政的料，于是便"逃离"了。但你知道，在当下的环境，哪怕当个小小的中层管理者，也不是想撒手就撒得了手的，它像刺青，刺上了就不易擦掉。

至于周围人的不理解，太正常了。任何一官半职，多少人求之而不得呢。别人不知道我在那个位置（学校德育处主任，我们这儿称"政治处"主任）上，每天要做很多荒唐事，甚至是反教育的事，说很多假话、废话、套话。对我而言，这职务是煎熬、折磨和浪费。我要把宝贵的时间用于做有趣、有益的事情。"还原"为普通教师，相对而言，人格独立，人身自由，神清气爽。进入中层，是我教书生涯中最为追悔的事。陶渊明说的"误落尘网中，一去三十年"，于我心有戚戚焉。当然也不完全是浪费，因为进入中层，使我获得了一些虚名浮利。更重要的是，如果没有这段经历，我对教育的理解不会像现在这么全面、深入。我希望不久的将来能把这段特殊的经历写成一部小说。

一个真正优秀的教育者，
肯定是一个深刻的反思者

谢云： 美国教育心理学家波斯纳说过一个成长公式：经验+反思=成长。读你的文字，我感觉最明显的，是你在不断地反思和反省。这种反思和反省，甚至在你领取"全国优秀教师证书"那一刻就已经开始。尽管这里有许多外因，但我愿意相信，首先是你对自己和自己的工作有了警惕。是什么原因让你开始警惕的？

王木春： 大体有两个方面的缘由。

一个方面是学生给我的教育。1997年，为了确保升学率，一个学生从快班被赶到慢班，他悲愤无比，给我写了十几页的信，质疑、谴责这种做法。这个学生语文很好，书法尤其漂亮，但总分不行。我是他的班主任，但无可奈何。我把信交给当时的教务主任看，老主任耐心地看完，重重长叹了一声："这是在造孽啊，可我们也没办法。"这咒语般的叹息和话语，让我特别难过。虽然在中学时代，我也是"差生"，也曾在高考前因为被取消报考大专的资格而痛不欲生，可是我早忘了当年受过的苦和屈辱。直到七八年后，慢班学生在参加誓师大会和观看文艺演出时都被"另眼相待"，学生写信给我，我才真正被触动。参加誓师大会和观看演出，与升学率无关，为什么要这样对待学习成绩差的学生？这背后有什么深刻原因？我虽然无权决定谁参加，谁不参加，但我应当负有责任。我是否为了一部分人的利益，伤害了另一部分人，而且一次又一次？我当教师的目的是什么？仅仅为了学生考高分，自己得奖金、获取好名声？……由此出发，我开始了一系列的反思。越反思，我越感到不安、痛苦，而且每一次，老主任的话总会在耳边响起："这是在造孽啊………"当时我常接到毕业多年的学生的信，他们几乎一致地表示，我在课堂上教给他们的知识都忘光了，他们记住的，留下美好印象的，是课堂上我给他们读的那些课外的文章，是我随心讲出的与高考无关却影响人生的话。这让我思考另一个问题：什么才是真正的教育？什么才是真正的语文教师？

第二个方面，是阅读的影响。阅读改变了我的教育观念。那年，我读到张晓风的散文《世界，我交给你一个孩子》，很有触动。后来读泰戈尔的《新月集》，也是如此。这些作品并非教育著作，但它们让我这颗僵硬的心渐渐变柔软了。所以，我总是"怂恿"身边的教师，尤其是中年教师多读点文学作品。美好的文字，会软化血管，软化人心。

> 谢云：在反思和反省之后，你对自己的教育行为有了更为清醒的认识，也有了调整和改变，这势必会影响到你的学生、学生家长，甚至你的同事和领导。他们对你的调整和改变有什么样的反应？

王木春：在教学方面，学生和家长对我的"反应"很少，可能是因为小海岛的民风比较淳朴。我在课堂上不是那种中规中矩的教师，我不死扣教材，喜欢引入课外的内容，又常借题发挥地和学生聊一些现实问题。我觉得这些课外阅读和见识，对学生很有用，能帮助他们扩展视野、学会思考。从功利角度看，对高考同样有益。不过刚开始时,有些学生不认同,或者不适应,心想这个老师"怎么这样上课",好像从我这儿学不到什么。家长也担心,但家长更担心的是别的方面。有一次,某位一直关注我的文章的家长,就警告自家孩子:"不要轻信语文老师的话。"事实上,家长的这个"不要轻信",正是我一直在追求的:所谓教育,就是要培养孩子独立思考的能力。尽管这位家长说的是另外一层意思。

每接到新班级,我都会和学生约定:"我在课堂上讲的话,除了那些考试技巧外,其他都是参考,你们可以有不同看法,并且我欢迎辩论。"还好,我比较幸运,至今没有家长和我正面"交锋"过,也没有领导找我去"谈话",也许,这是我的学生高考成绩总体还不错的缘故吧。这也是托应试教育的福啊。

> 谢云:从某种意义上说,我觉得你的反思就是忏悔。我们都知道,忏悔是个宗教术语,无论基督教还是佛教,都十分注重忏悔。我也曾经说,教育者应该有宗教般的情怀和信仰。作为一位优秀教师,你怎么看待忏悔对于教育者的意义?

王木春:我的反思其实还称不上忏悔。老年托尔斯泰的那种反思,才叫忏悔。看看他写的《忏悔录》,让人汗颜。我不具备那种灵魂高度和道德勇气。我回避和掩盖了许多事情。但我希望有一天能成为真正的忏悔者。维特根斯坦好像说过:"应该把忏悔当作你新生活的开始。"一个真正优秀的教育者,肯定是一个深刻的反思者,因为他向自己举起手术刀。不断删除人性中的阴暗面,走向自我完善;同时,因为反思,因为清楚自己的局限，他更容易自觉地去理解别人，宽容别人，欣赏别人。这些都是优秀教育者身上不可或缺的品质。

有些事只要符合人性，符合世界潮流，谁也挡不住

谢云：忏悔是对自身行为的反省，而反省的目的，是更好地前行。对教育而言，所谓前行，不应该只是改革，甚至，前行也不一定就是前进。有时，退后一些或许更为重要。对于今天的教育，你觉得前行的目标应该在哪里？

王木春：今天的教育在不少方面都比以前有进步，但有些方面则在退步，甚至是大倒退。这和社会大环境息息相关。无论前行也罢，后退也罢，我以为，今天的教育最迫切的是要回到"人"的问题上来，要积极关注"人"本身。通俗地说，首先教师要把自己当人看，把学生当人看。教育的宗旨是培养完全人格，这个理念张伯苓等人在近百年前已经提倡过。然而，传统与现实的力量太大。我们每个人，时时面临被环境"异化"的可能，因此对它保持一定的警觉非常有必要。

谢云：谈到教育，你总是悲观的，但又总是抱持着理想，似乎比较矛盾。

王木春：现实中的理想主义者，往往以悲观者的面目出现。但不管我今天的面目如何，都回不去了，就像托尔斯泰说的："既然你已经知道，就不能又不知道了。"然而，一个人，无论受过

哪种痛苦，如果还未被彻底击垮，回头看，那些经历都能转化成精神上的骨骼。对于教育的未来，我还没有绝望。你看民国时期，国难当头，那么多有识之士都怀着教育救国的信念一往无前，何况今天的大环境比当时好许多。这是个信息日益开放的时代。

再说，有些事只要符合人性，符合世界潮流，10年实现不了，30年、50年也会实现。谁也挡不住的。

<u>谢云：我也相信教育改变的必然性，也愿意为之尽自己的努力。我想知道的是，这种悲观的情绪对你的日常生活有没有什么影响，比如说你的家庭生活。你爱人也是教师，你对教育的思考和理解，对她有没有什么影响？</u>

王木春：我爱人跟我是同行，许多现实她感同身受，因此能理解我，包容我。当然，有些负面情绪，有些观念，她刚开始时也不能接受，后来就接受了。这大概是"近墨者黑"吧。不过现在我也懂得，面对生活还是应当积极些，放松些，别整天忧心忡忡的模样。教书只是我生活的一部分而已，读书、写作也是。我很感谢爱人为我营造了一个自由而宁静的家庭环境。

<u>谢云：你女儿也非常优秀，喜欢读书，对很多事情有自己的见解，相信是受了你的影响。在女儿的成长过程中，有没有觉得亏欠或者说需要忏悔的地方？</u>

王木春：在她小的时候，我为了所谓的事业，为了多赚"生活资料"，也因为不懂得家庭教育，陪她的时间太少，更谈

不上花心思去教育和引导她。这是我觉得亏欠她的地方。幸亏我家中藏书丰富，她在书堆里成长。应该说，那些书才是她最好的老师。我希望年轻的教师能从我身上吸取教训。

我对她的影响的确很深。在她上初中后，我开始真正意义上的阅读和写作，和她的交流就多了。我们常常在周末的早上朗诵诗文。然而，正是这种影响，又成为我今天的隐忧。时下许多成绩好的学生都报考经济、金融专业，她偏偏选择念中文。对她的选择，我是支持的，但既欢喜又不安。为人父母者，总更现实些。我的不少学生也报中文系，我的心情同样矛盾。

<u>谢云：这种欢喜和不安，可能是父母对儿女都有的一种心态。现在女儿读大学了，你对她的未来有什么期望或打算？</u>

王木春：走她自己的路吧。希望她始终保持阅读和锻炼身体的好习惯，至于将来干哪行都无妨，但不要去当政客。

阅读和写作，让我挺直了腰板

<u>谢云：你原本有机会离开现在的学校，为什么最终选择了留下？</u>

王木春：说得好听些，为了爱和自由。我在这所学校度过初中、高中，回来工作又有20多年，对这里的一草一木都无比熟悉。我离不开了，舍不得。每当我想起校园里那两株木棉树，心里便充满温情和莫名的感动。

再说自由。去一个全新的天地,难免要重新打拼,露几手让人家见识见识。这对我来说是巨大的挑战。我早年已经打拼过了,深知其中的代价,除非万不得已,我不愿重蹈覆辙。现在我比较没压力地教书,大家也还认可,课余读书、编书、写作,很享受。

还有一个原因是,除大学四年外,我从未离开过母校和小岛,对外界总是心怀恐惧。我理解电影《海上钢琴师》的主人公对大陆的恐惧,他宁愿留在海上,留在轮船里,直至与船同归于尽。总之,我庆幸当初没有选择走出去。不过,偶尔也会后悔。你想想,一个人一辈子待在一座海岛上,仿佛自己也成了一座孤岛,精神上缺乏同伴,眼界不开阔,学术空间十分狭窄,这滋味不好受。

谢云:应该说,阅读和写作已经成为你的生活姿态。这是教师成长重要的两翼。

王木春:阅读和写作,可以说不断打开我的眼界,更让我挺直了腰板。我常常有一种"天子呼来不上船,自称臣是酒中仙"的自我陶醉感。

谢云:你的很多文章,除了忏悔,其实也有这种陶醉感。没有阅读,是不是你的人生完全不一样?

王木春:是的。我敢说,没有阅读的唤醒,我的教育生活也许就一直处于从教最初那十年的状态,封闭、匆忙、疲惫、焦虑,内心混沌无光,却又有些自以为是。是书籍把我带向了远方，教会我如何去理解学生，理解自己，理解世界。这三个理解改变并创造了我的教育生活。

单说理解学生这一点吧。学生有各自的秉性和成长背景，今天的他，不管好坏，都是多种因素塑造而成的。有缘成为他的老师，我的责任就是陪伴他走好这一程，授给他知识，并且像父亲告诉子女那样，把我的人生经验和教训，与之分享。当然，这些东西，他可以参照、借鉴，也可以批判，甚至反其道而行。总之，我希望我的学生将来能看到更远一些的东西。

我是教师，校园生活是构成我整个生命的重要部分。从这个角度说，随着阅读的扩展，我的心越来越清醒，也越来越平和。

谢云：清醒而平和，这是一种美好的人生状态。你对自己未来的教育工作，尤其是教育思考和教育写作，有没有更明确的规划呢？

王木春：继续做个合格的教师，努力做个受人尊敬的教师。此外会以编书为主。在编书的过程中，扩大阅读面，兼顾教育写作。因为年纪也老大不小了，时间有限，能力有限，只好压缩"工作面"，尽量集中在两三个"点"上，这样方向会更明确，效果会更好。

谢云：每个人的生活，都应当有明确的方向，这样才会知道向哪里用力。对于教师的成长，你有没有什么"私房话"可以对教师朋友们说？

王木春：这个世界上，也许只有不愉快的个人，没有不愉快的职业。平凡的教书职业，照样可以通过个人的选择和努力，做得愉快、充实而有意义。因此，要在工作中，及早发现自己的长处和兴趣点，每天做一点，日积月累，必有所成。另外，要找一个或几个良师益友，他们的提醒与鼓励，是走向幸福人生不可缺少的力量。我在这方面非常幸运，总能在人生的关键时期，遇到这样的良师益友。

（刊于《教师月刊》2015年第3期）

一个人与一片海

王　莉

"我曾经想辞职去当保安"

王莉：王老师好！我知道您在一个岛上的一所中学教书超过 30 年。就我所了解，教师的流动性还是比较大的，换学校比较常见，换行业的也大有人在。当然一个人在一个学校教书 30 年并不稀罕，稀罕的是您一边教书一边写书、编书，对教育始终抱有理想。您是如何做到坚持在东山一中教书 30 年的？这期间有没有想要离开？后来怎么又决定留下来？

王木春：一个人在一所学校任教到退休，这情况在大城市或许不多见，但在小县城，就比较常见了。我居住在一个人口仅 20 余万的小岛上，普通高中就两所，岛内的教师流动性不大，除非离开教学第一线。所以，与其说我"坚守在一个地方"，不如说是客观环境使然。不过，我确实有几次起了想离开学校的念头。最强烈的是刚毕业那两三年里，一方面无法容忍学校种种不公的待遇；另一方面工资低，入不敷出，我曾想辞职"下海"。我的"下海"，说起来很可怜，不是去干一番大事业，而是去某个私人房地产企业应聘当保安。那时，一名普通保安的薪水是我工资的近两倍。随后，因为确实无法跟那些只有小学、初中毕业的保安一起干，我放弃了，折回学校教书。后来，我又跟一个亲戚学安装水电，心想等手艺学成了，就辞去教职，结果还是没有走成。这一回，是我发现自己已经真的喜欢当老师了——我已经教了第一届学生两年多了，产生了感情。许多年后，我先后还有四次谋划过离开小岛去待遇更好的城市，终因各种因素未能成行。由此可见，我并不是个"老实本分"的人，所谓的"坚守"就更谈不上了。

<u>王莉：我有猜测过您去做别的职业，但是真没想到是保安这种职业。实在无法将文质彬彬甚至有点腼腆的书生形象与这种比较威猛的职业形象联系起来。其实直到我读到您的《一个特级教师的忏悔》一文，才相信您的确有这段经历。您的大学同学怎么看您的坚守？他们大多数在教书还是从事其他职业？您的学生如何评价您？</u>

王木春：由于特殊的时代背景，我那些师大的同学，有近一半的人至今还待在教育岗位上。在多数同学眼里，我天生就是个当教书匠的料。现在，不少从政的同学，认为我在小岛上教书，心无挂碍，闲云野鹤似的，颇为羡慕。这多少有些道理，可我一点也不羡慕他们。为什么不羡慕那些从政的大学同学？其中一个理由是，教书有千般不好，但至少有一样好，那就是教书比其他行业多了一份"精神工资"：当老师，只要我有付

出，就一定有收获——名利在其次，更重要的是收获人间的温情与真情。这方面我很看重。至于学生怎么看我，因人而异吧，在有的学生眼里，我是个难得的好老师；在有的学生眼里，我可能不值一提。师生关系也讲究缘分。不过，在多数学生的心里，我给他们的印象是有个性、真诚。我则把每个学生当成朋友——当然朋友也可以变成陌路人。

我还是更喜欢相对安静单纯的教书生活，可以和年轻人在一起，再说我为人散淡、随性，的确也适合站讲台。实际上，前几年，我也有一段时间过得非常"不散淡"，活得很纠结，但年纪已大，辞职单干已不现实。

如何把诗意教学融入高考应试

<u>王莉</u>：您是如何把诗意教学融入高考应试的？您是如何提高学生的语文高考成绩的？

王木春：高考应试与诗意几乎是水火不相容的两个东西，我没本事把两者融合在一起。不过，我爱好文学，尤其喜欢读诗，又不能掩饰自己，这些爱好就在课堂上自然而然地流露出来，就成了您所谓的"诗意"了。再说，如果语文课一直埋头捣鼓那些课文和模拟习题，教书还有什么意思？所以，我跟学生合伙读书，"玩诗意"，其实是一种自救的方式；对学生而言也是，过度的应试教育，对他们的一生弊大于利。再换个思路考虑，不是我的课堂有多少诗意，而是现在的许多语文课离文学、情感、性情太远了，变得不是语文课。提高学生高考成绩，我没有奇招妙法，我就不断跟他们一块儿读书，也读自己的小

文章，时不时也跟学生聊聊天，谈谈时事，说点无聊人生。一到高三，就慢慢收紧上课范围，瞄准高考方向，适当做些针对性的练习，如此，应对高考就够了。语文学科毕竟不同于数理化，它更依赖平时读与写的积累，而不是短期的反复操练。

王莉：您如何面对与解决理想教育与现实的冲突？

王木春：世上没有一种完美的教育，包括被当下有些人推崇的民国教育。理想与现实的冲突，是永恒的，也是每位稍有想法的老师不得不经常面对的。刚从教时，面对冲突，无力应对，我只能选择逃离；十年后，面对冲突，我的选择是拿起笔，宣泄不平，发出自己的声音。再后来，因为一些机缘，我开始把精力转移到民国教育资料的梳理和研究，这既是我对教育理想的寄托，也是我对现实教育的某种思考。随着阅读的深入，几年后，我真正明白了：想改变教育，单靠教育是一种妄想；要让理想化为现实，也绝非一日之功，需要几代人"得寸进寸"的努力。慢慢地，我心平气和了，像木心诗中说的："不知原谅什么，诚觉世事皆可原谅。"我想，这算是一种"坚持中的妥协与和解"吧。

王莉：您是怎么研究起民国教育的？

王木春：这个话题说来话长。从大学起，我就爱好现代文学，推而广之，对民国人物一直保持浓厚兴趣。七八年前，我参加一个比较高端的业务培训，导师给我的任务是研读叶圣陶的教育思想。说来惭愧，这是我第一次专门读民国教育著作。

不久，教育科学出版社知道我在研读叶圣陶，就约我主编了《叶圣陶教育演讲》一书，自此我算"上了这条船"。这期间，我还得到著名历史学者傅国涌先生的许多鼓励和指导。说来，研究民国教育，是偶然，也是必然。总之，我是幸运的，因为我在研究中感到快乐，补偿了我在现实教育中遇到的种种不快，更让我始终怀抱信念：美好的教育总是有的。

王莉：您教了许多届高三了，请问您对高三老师有何心得分享？

王木春：两点心得，一是不管遇到多大的压力，首先照顾好自己的身体，照顾好家庭，努力做一个正常的人——要知道，在中小学里，"不正常"的老师的比例太高了；二是要建立良好的师生关系。"亲其师，信其道"，在各科争夺时间的高三阶段，如果学生亲近你，信任你，你就可以教得自信、轻松，而且最终有不错的成绩。

王莉：那么，如何让学生亲近您、信任您呢？

王木春："亲"与"信"要建立在教师个人的能力和魅力之上。能力方面，教师上课要"有料"，让学生觉得有听的必要和兴趣，能打开他们的世界；魅力方面，教师不是行尸走肉的机器人或道貌岸然的伪君子，而是个活人，活生生的人，有个性，有思想，有真性情，同时，又能站在学生的角度思考问题，怀着"同情之理解"，与学生接触和交往。如此，才能赢得学生的亲近与信任。

培养女儿阅读、体验大自然的习惯

王莉：对了，想聊聊家庭教育。您是怎么教育自己的孩子的？

王木春：我没有很刻意地教育自己的孩子，按照现在许多家长的做法和标准，我是个不称职的父亲。20多年前，自女儿出生后，我没有让她背唐诗宋词什么的，也没有送她进各种艺术班，除了让她跟一名老师断断续续练习书法，就没有其他了。什么陪读、亲子共读，更是没有的事。我住在小县城，大家那时基本不懂这回事。但是，我无意中给女儿提供了一个非常良好的生活和学习环境。我是个购书狂人，家中藏书很多。书没有给我个人带来什么成就，但无意中成就了我女儿。不过，在她小学三年级以前，我不曾向她推荐读什么书，我觉得读书这事不必急于求成，以免把孩子吓坏了。直到她上三年级，我才开始买些注音的名著给她挑选着看。后来，她能自己阅读了，我也很少规定她读哪些书，满屋子的书，她爱看哪本就看哪本。更主要的是，在她上五年级后，我每天晚上基本在家埋头看书、写文章。这不是陪读，我们父女各有一个房间。我以为这是最好的家庭教育。

王莉：您为女儿做的最满意的事是什么？

王木春：我比较满意自己的一点是，在女儿念小学和初中期间，我几乎每周末都骑摩托车带她到乡村老家或者海边山林转悠，看看老屋田野，认识植物庄稼，听听鸟鸣海浪，做这些事纯粹就是瞎玩。女儿的性格很乐观温和，人也健康，这跟我的这个做法有关。然而话说回来，当初我带她四处游荡，首先出于我个人的喜好，有点"己所欲，施于人"的味道，并没想到通过玩达到什么教育目的。同时，当时的小学和初中还不像现在这么疯狂搞应试，孩子的作业很少。这是我教育孩子的方法。

　　王莉：孩子的童年真美好。其实这是不教之教，潜移默化。而且您给孩子提供了一个特别宽松的环境，加上读万卷书，行万里路，亲近自然，成就了一个乐观温和、身心健康的孩子，我想这应该才是成功的家庭教育。

教育有自由，教师有尊严，学生有笑声

　　王莉：如果现在不当老师，您最想做什么？

　　王木春：我最想去当个图书馆管理员，每天早上打开图书馆大门，整理一些新书旧书，然后自己也读点书，中午就在书架旁打个盹，醒来喝杯茶，下午5点准时关上大门，去跑步……

　　王莉：退休后您最想做什么？

　　王木春：退休以后，我最想在海边买个面朝大海的房子，日夜跟海浪海风住在一起。每天清晨和黄昏散步于沙滩，其他时间就喝茶、读书、编书和写作。也就是把我目前的大部分业余工作和生活，变成我的日常。

王莉：请推荐一本您最有感悟的书，说说您和这本书的故事。

王木春：推荐苏联作家帕乌斯托夫斯基的《金蔷薇》。

今天，大概很少教师了解散文集《金蔷薇》。这是一本借助一系列故事向读者介绍作者创作经验的书。但对我而言，这本书吸引我的，并不是那些写作经验，而是故事本身。尤其第一个故事《珍贵的尘土》。

我读大二的某节写作课上，写作老师潘新和用了近一节课，边介绍边为我们朗读一篇题为《珍贵的尘土》的文章。那时的潘老师三十来岁，温和儒雅，说话语调平平，声音软软，慢条斯理。我不喜欢这款甜腻味的嗓音，然而，这天，我被他的朗读震慑住了。他的嗓音奇迹般地如此适合这篇文章。他读得那样投入、细腻，口中还不停地赞叹着什么。我不明白一向节制的潘老师为什么竟如此动情。更匪夷所思的是，当时对文中的内涵也未十分领会，仅仅由于老师的异常表现，我从此记住了这篇文章以及这本书。

毕业后最初一两年，我住农村老家，早上骑车到校，傍晚回家。在清贫寂寥的乡下，什么娱乐也没有，百无聊赖之际，随意翻翻大学里带回的书，而最能引发我美好情感的还是《金蔷薇》。慢慢地，我从书中读出人性的光辉——苦难固然能摧残扭曲一部分人，但也有人，在与苦难的角逐较量中愈挫愈坚。从书中，我更领悟到卑微个体的生存价值。卡夫卡在日记中感慨道："活着是多么费力啊！树立一座纪念碑都不要求花费这么大的力量。"那种接近于虚无的庸常日子，如漫漫尘埃，是会掩埋人的灵魂的。倘若生命不能自拔而出，一天天被销蚀，迟早异化为尘埃中的一粒。《珍贵的尘土》给了我一丝希望。

年岁越长，我越以为，世上有两种职业最富于人道色彩：写作、教书。有人说教书为了"稻粱谋"，为了分数，为了所谓职业尊严……是的，但不仅如此。在《珍贵的尘土》末尾，帕乌斯托夫斯基写道："这位老清扫工的金玫瑰是用于祝福苏珊娜幸福的，而我们的创作则是用于美化大地，用于号召人们为幸福、欢乐和自由而进行斗争，用于开阔人们的心灵，用于使理智的力量战胜黑暗，并像不落的太阳一般光华四射。"把这句话中的"创作"换成"教书"，我觉得，未尝不可。

<u>王莉</u>：听了您的介绍，我也想马上读到这本书。您认为的理想教育或您的教育理想是什么？

王木春：校园里有厚厚的落叶，教育有自由，教师有尊严，学生有笑声。

<u>王莉</u>：期待这样一个理想教育的春天早点到来。不管她有多遥远，春天总是带给我们希望。

（刊于《教师博览·中旬刊》，2021年第1期）

后记 我的"反抗"和"拥抱"

2012年拙作《身为教师——一个特级教师的反思》出版后，我以为它会很快湮没于世。不料11年后可重生。

您手上的这本书并非旧书的翻版，我删去旧书中约占三分之一的篇目，代之以十多篇"新"作。近年，我的写作重心逐渐转向，今后大概不再写教育随笔。这本书可算作我个人教书生涯的总结，当然，贯穿其间的是我对教育的浅思陋想。

去年，也差不多这时节，我编完书稿，独自出家门，随手在微信上写下一段话："终于完成了10年前旧书稿的换血与修订，我走进夜色。僻静小巷，雨正下着。雨好像已下了10年。我没有一丝轻松感，只是莫名地想流泪。"清晰记得，那个秋夜雨丝飘飞，凉风瑟瑟，和此刻此景一样。

那些重读旧稿的日子，我仿佛再经历了一遍当年的生活。回忆的滋味有苦有乐。我常常忍不住把10年、20年甚至30年前的教育与今天作比，无数次自问："这么多年了，我身边的教育改变什么了吗？"我无法回答。前几天，收到一位刚入职班主任的"诉苦":国庆假期还加班,每天有冗长的会议、忙不完的杂事,连备课、改作业都没时间,"卷死了"。我无言以对,唯茫茫然想起莎翁戏剧里的台词:疯者引瞎者行路,乃时代之病态。

乌拉圭作家加莱亚诺在《拥抱之书》里说:"写作是我反抗和拥抱的方式。"它道出了我写作教育随笔的心声。同时,我"反抗"还因为我"拥抱"(热爱)。而今天,面对各种古怪荒谬的教育现象,我无力到连一声叹息都发不出来。

好友谢云在访谈中,说我的文章具有反思意识,是一种"忏悔"。我配不上"忏悔"二字。在拙作中,我写道:"这些早期的文字,浮躁而粗糙,却是人到中年的我,刚从混沌中清醒后发出的惊讶和感叹,以及做出的微小思考。"仅此而已。微小思考,自然也包括"反思"和一点"忏悔"。它们帮我一点点挤去体内的"毒",减轻精神负荷,不断成长,继续前行。

反思也赋予我力量。于是有了"教育,让自己长出力量"的书名。书名中的"自己"既指"教育"本身,也指教育者和受教育者。好的教育,一如世间诸多美的事物,不会从天而降,需要每个人去争取,一代代人去努力。

11年前出版的《身为教师——一个特级教师的反思》,封面上有一行字:"教书20年,我一直在努力做一名合格的教师。"有人问我,现在你教书30余年了,还在"努力做合格的教师"吗?我答:"做合格的教师是我一辈子的功课。教书是个很特殊的职业,教师一不小心就会在环境中沉沦下去。"我所谓的"合格"教师,起码应做到独立、诚实——独立思考,诚实说话。我不敢说,今天的我已"达标"。

两年前,一位在校的师范生读过我的《身为教师——一个特级教师的反思》,称它为"糖水,和苦药"。希望有缘翻开此书的您,能接受我这份酿了 30 余年的也许并不可口的"糖水,和苦药"。

2023 年 10 月 7 日台风夜,东山岛